THIS BOOK
belongs to

....

....

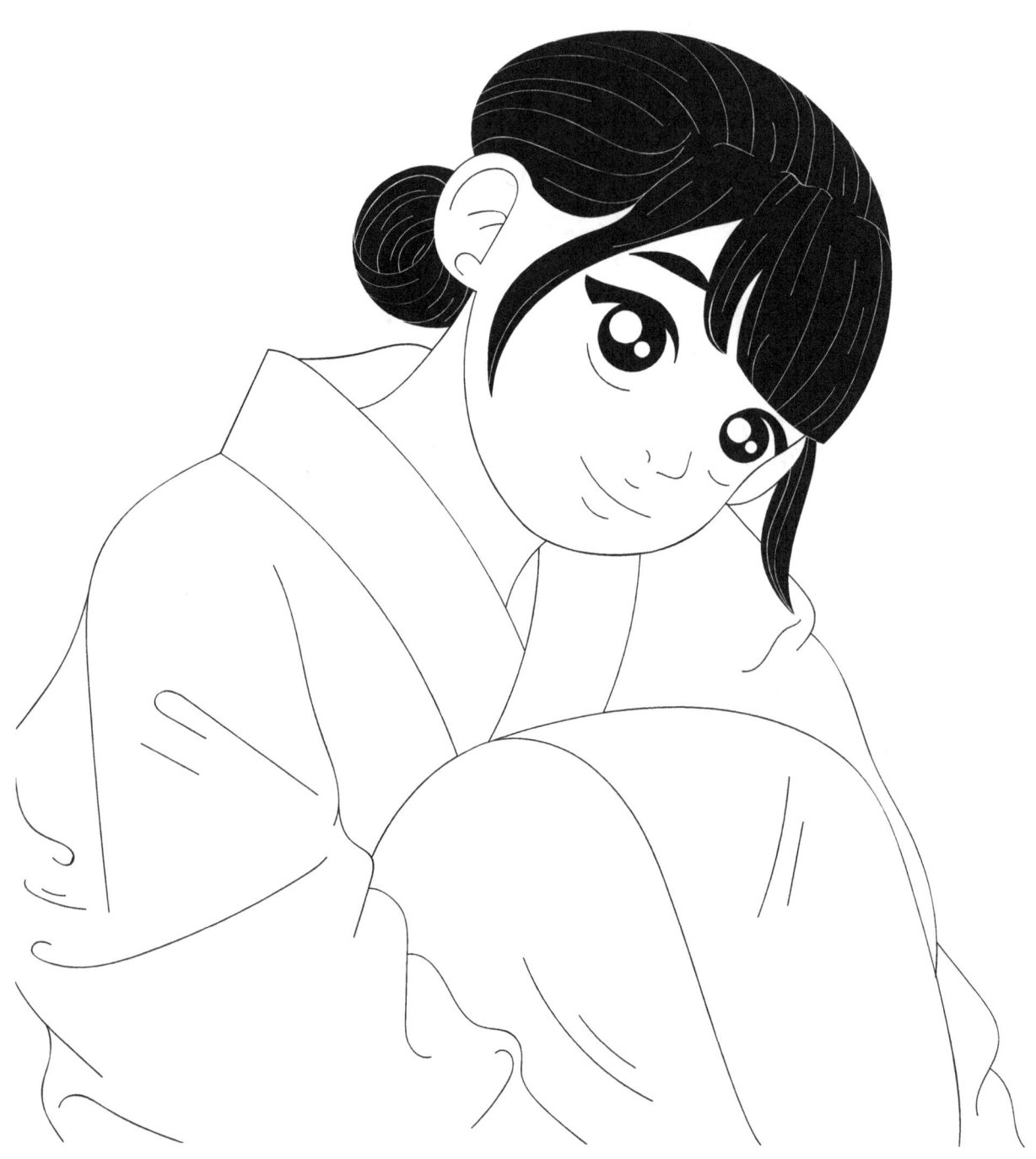

Japanese Coloring Book

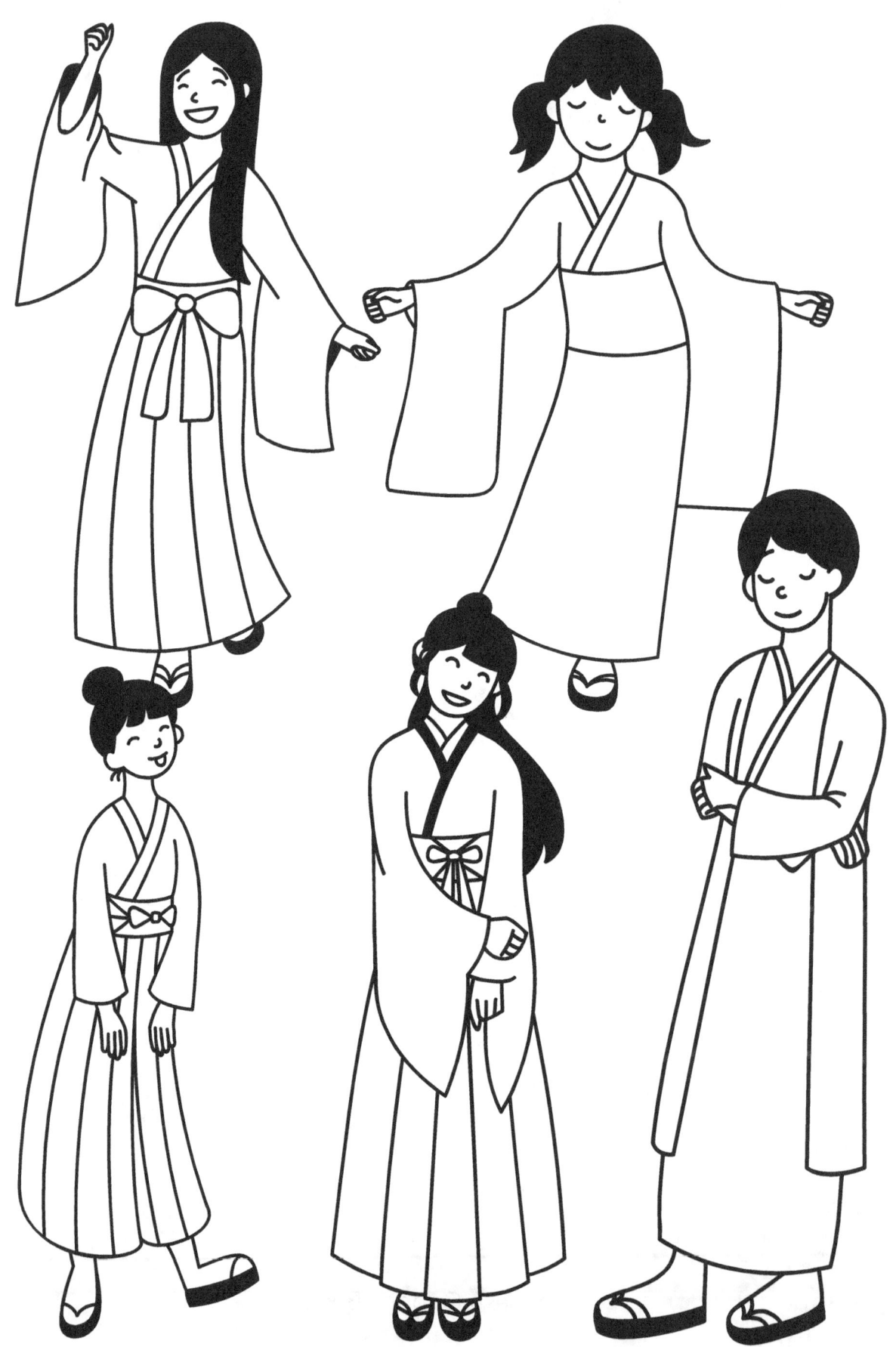

Japanese Coloring Book

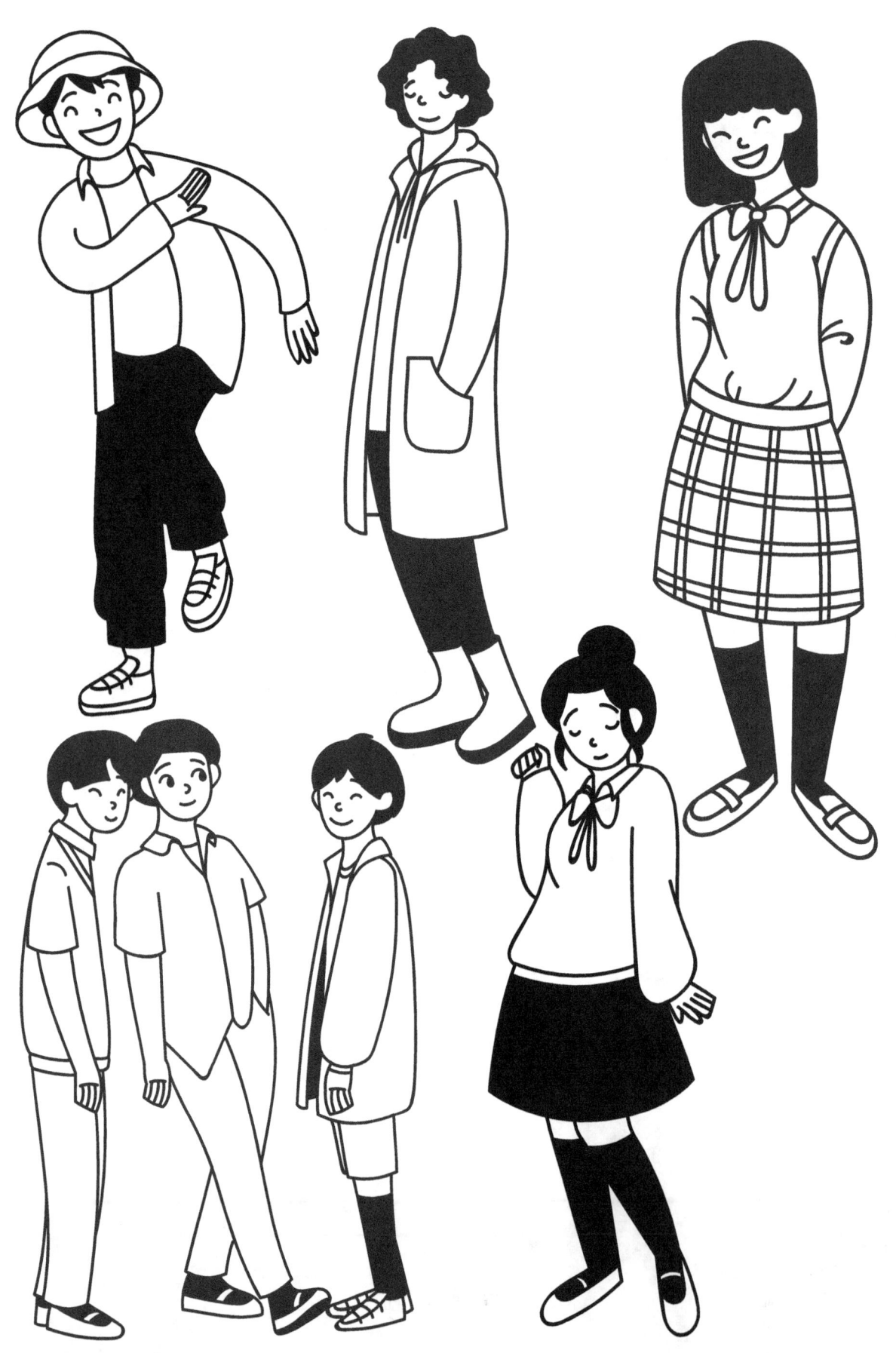

Japanese Coloring Book

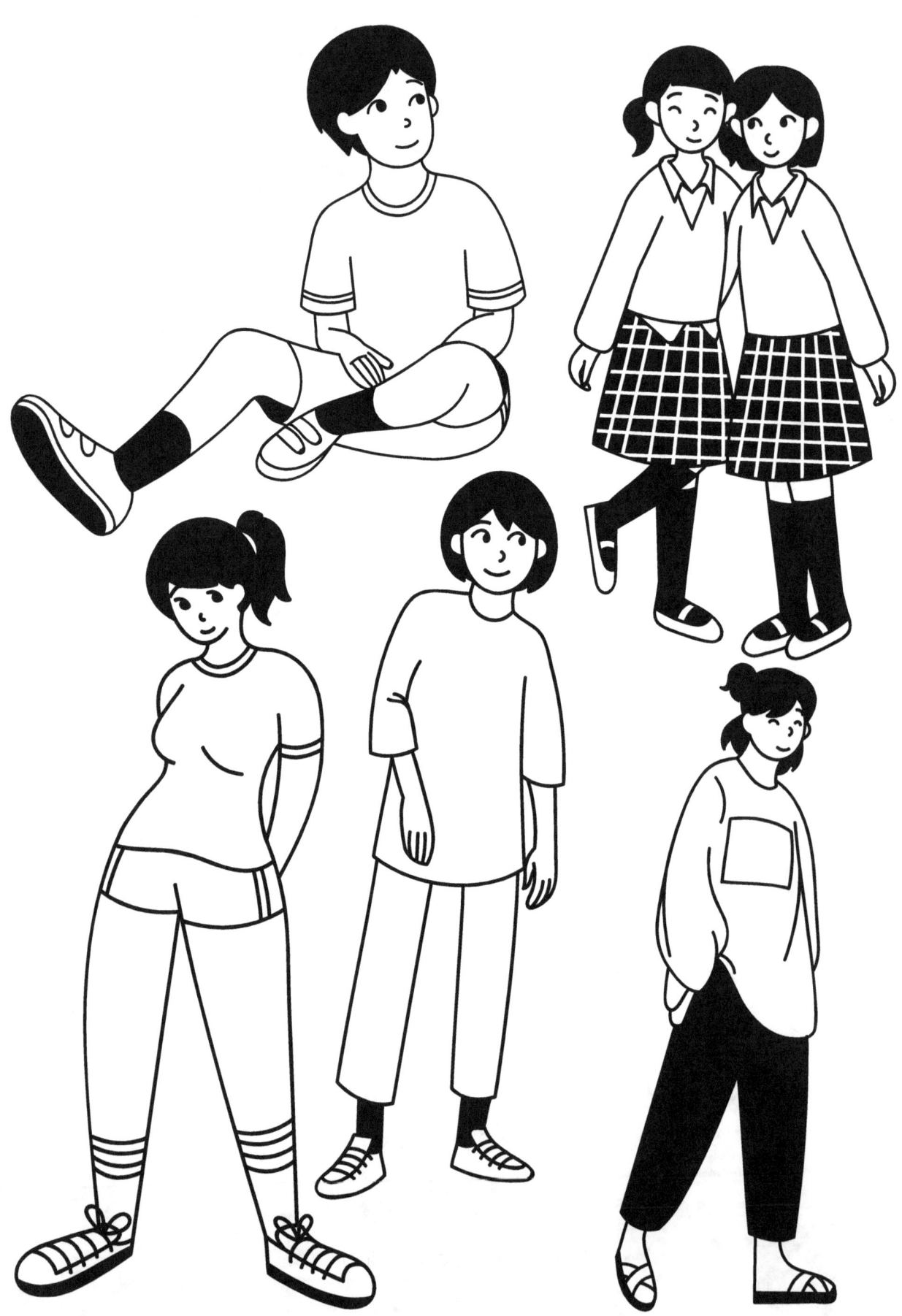

Japanese Coloring Book

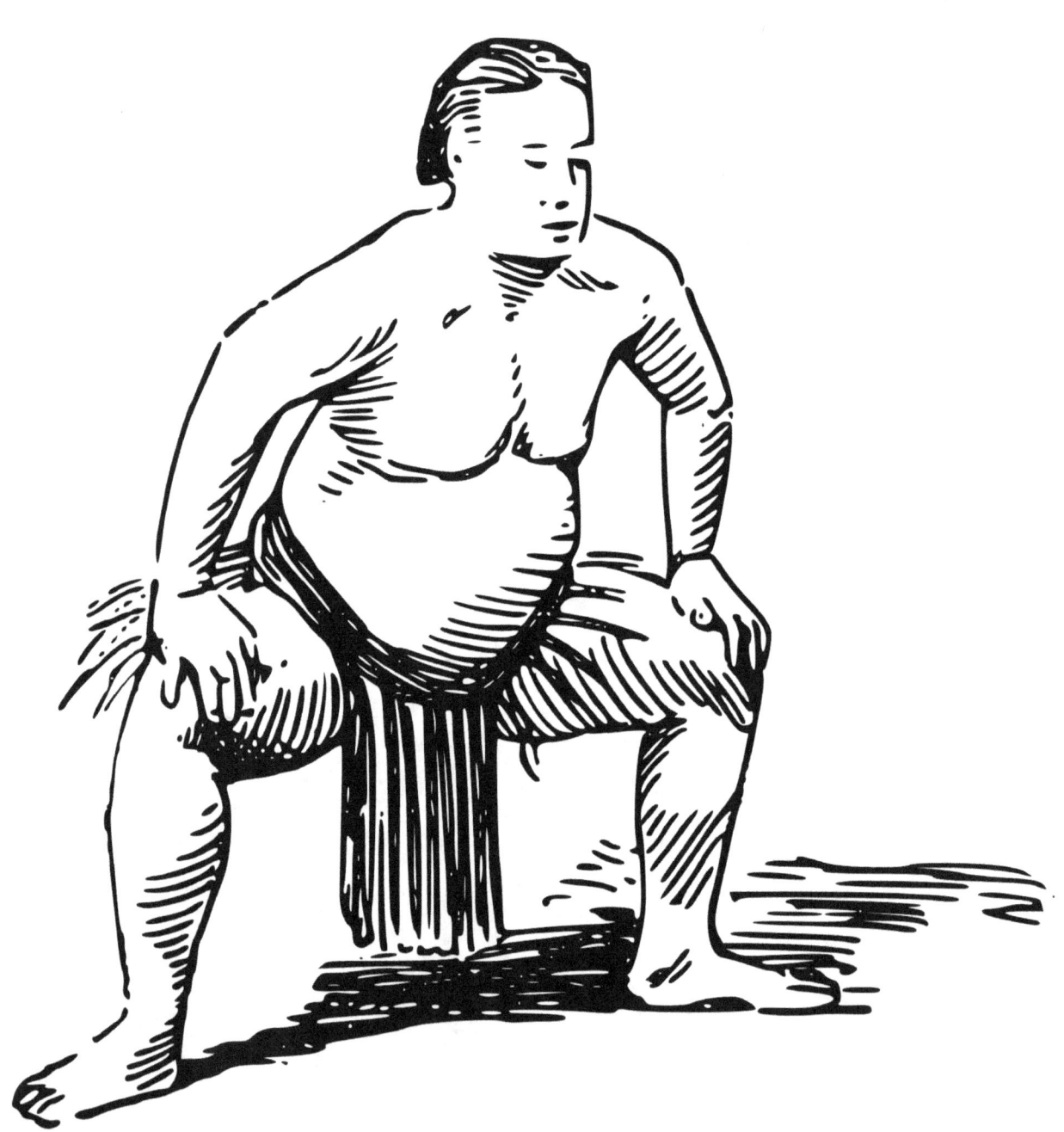

Japanese Coloring Book

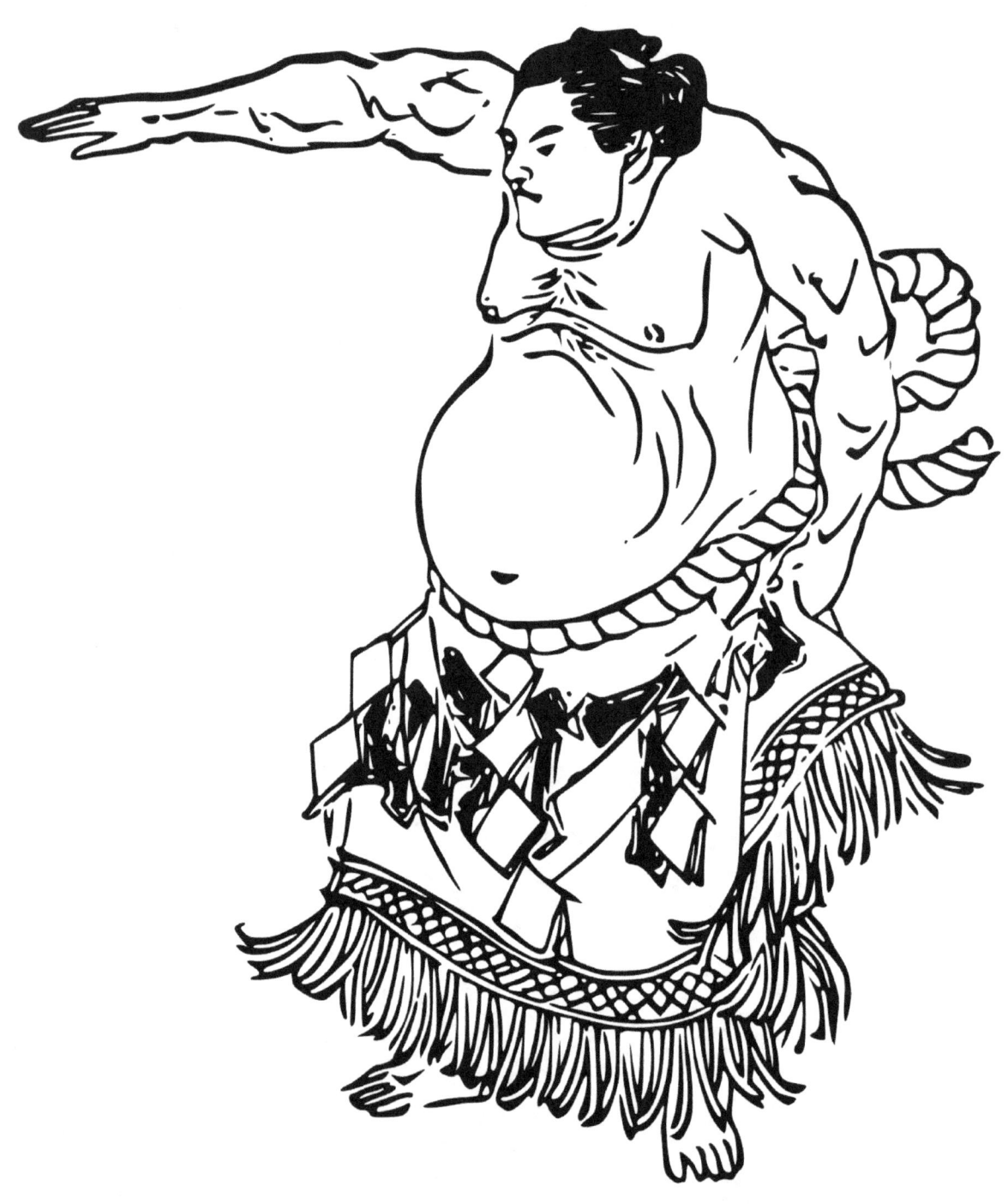

Japanese Coloring Book

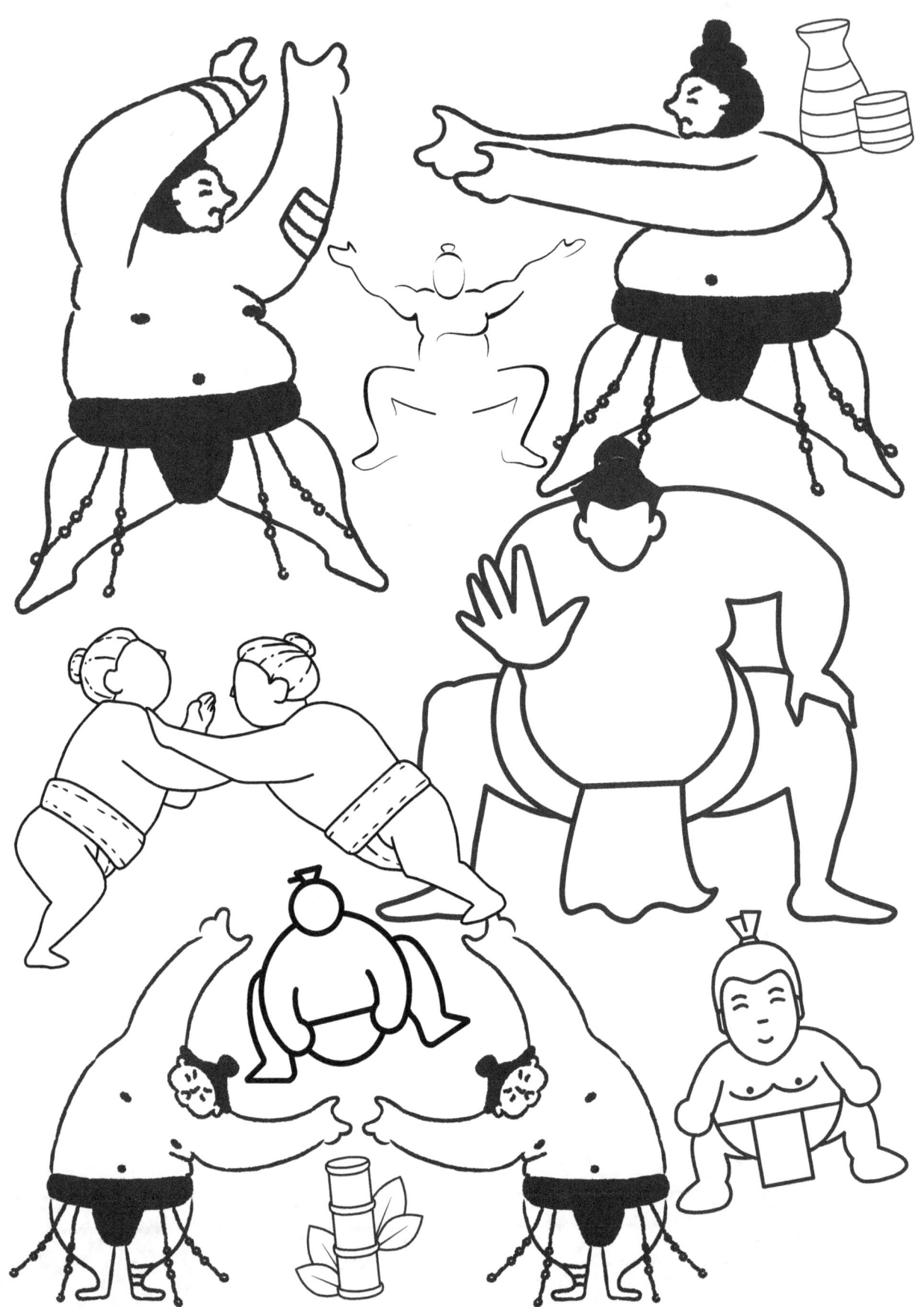

Japanese Coloring Book

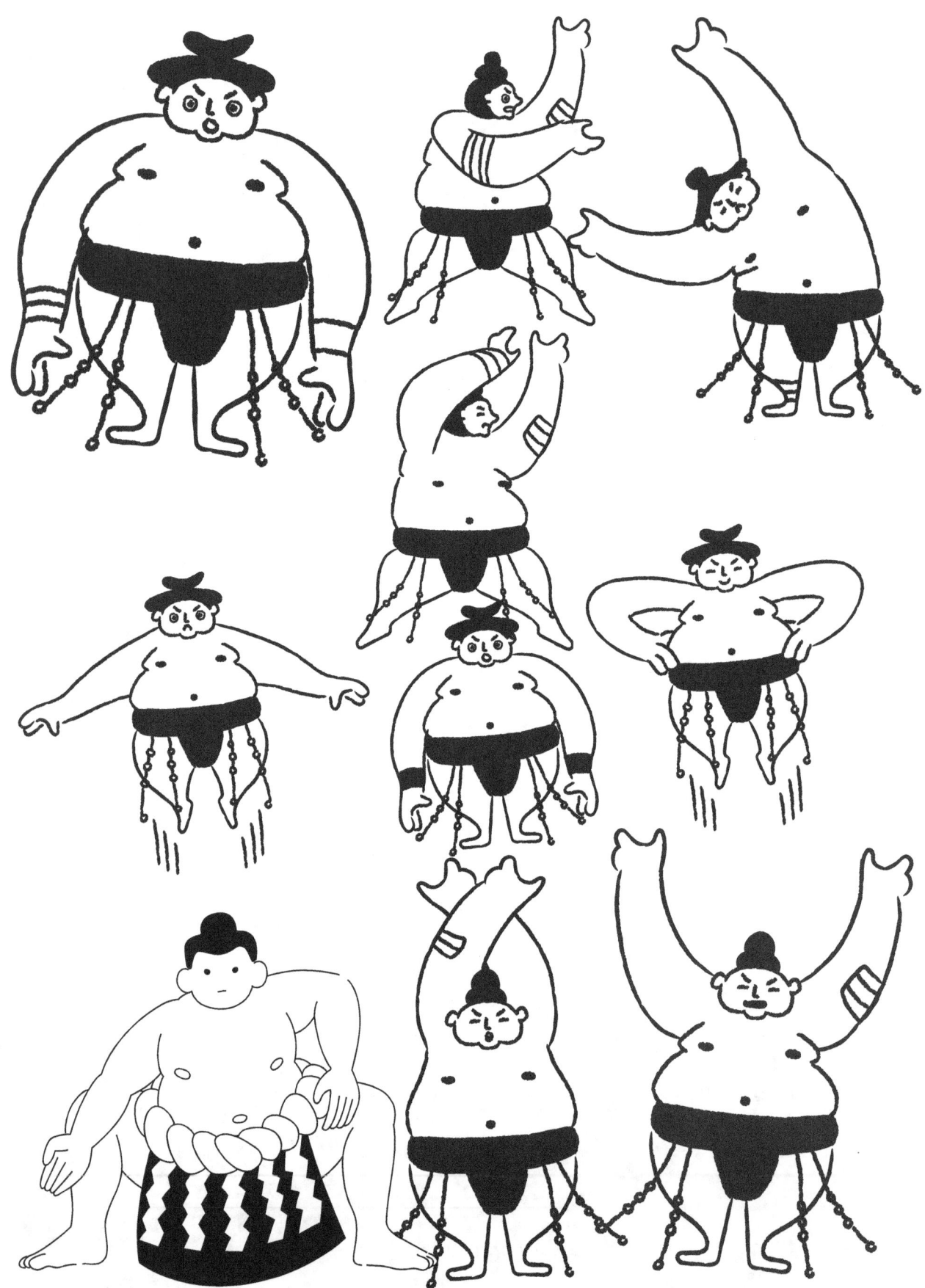

Japanese Coloring Book

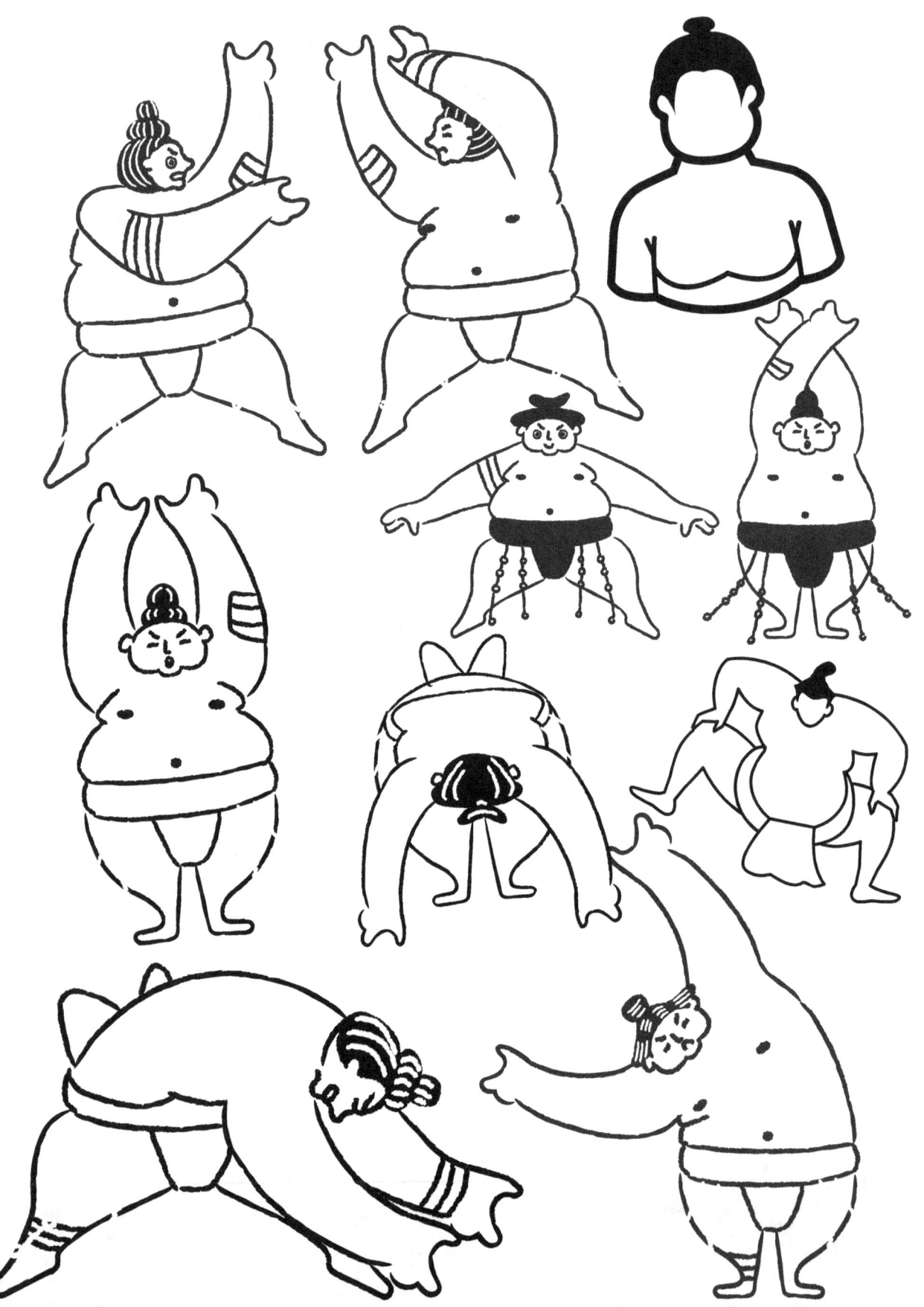

Japanese Coloring Book

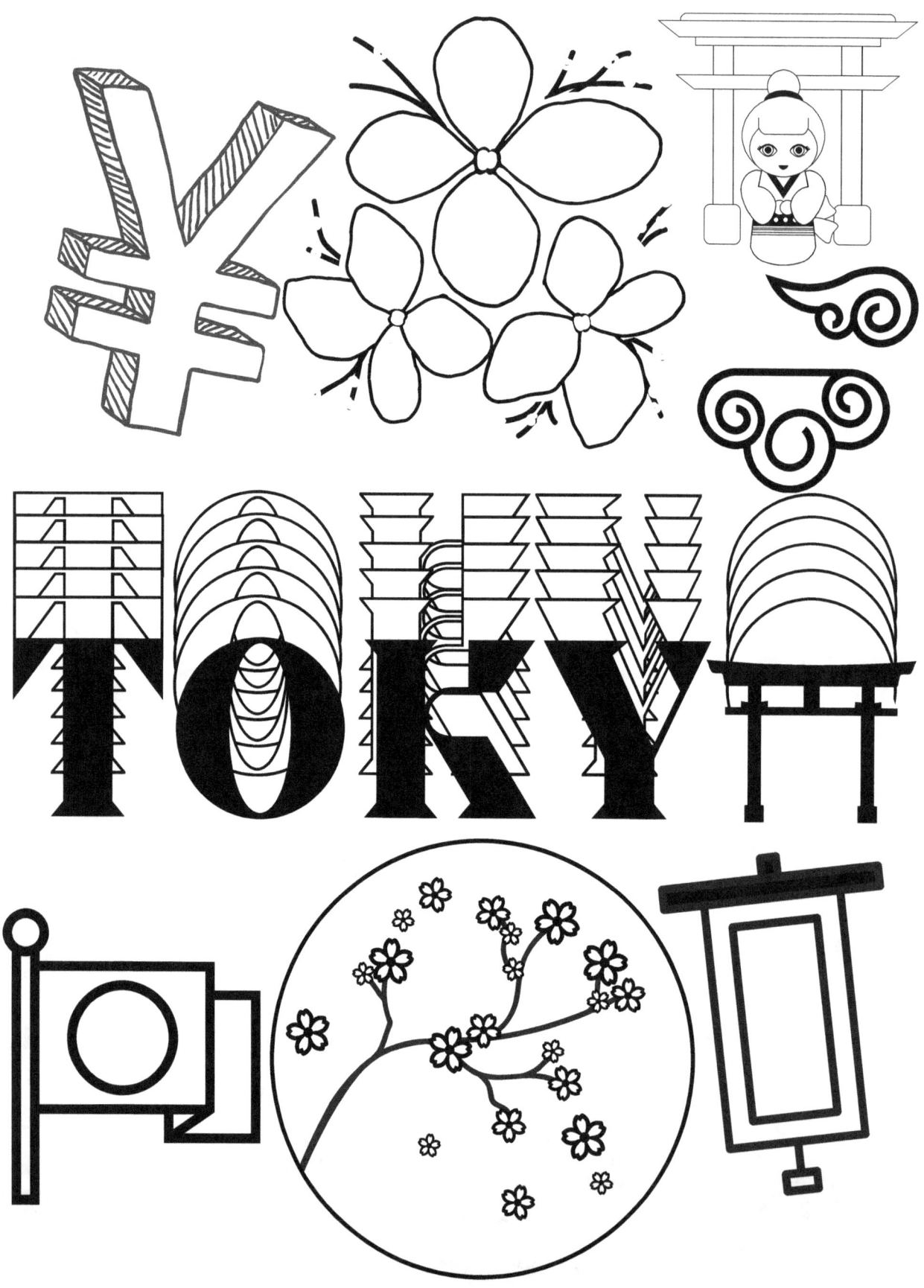

Japanese Coloring Book

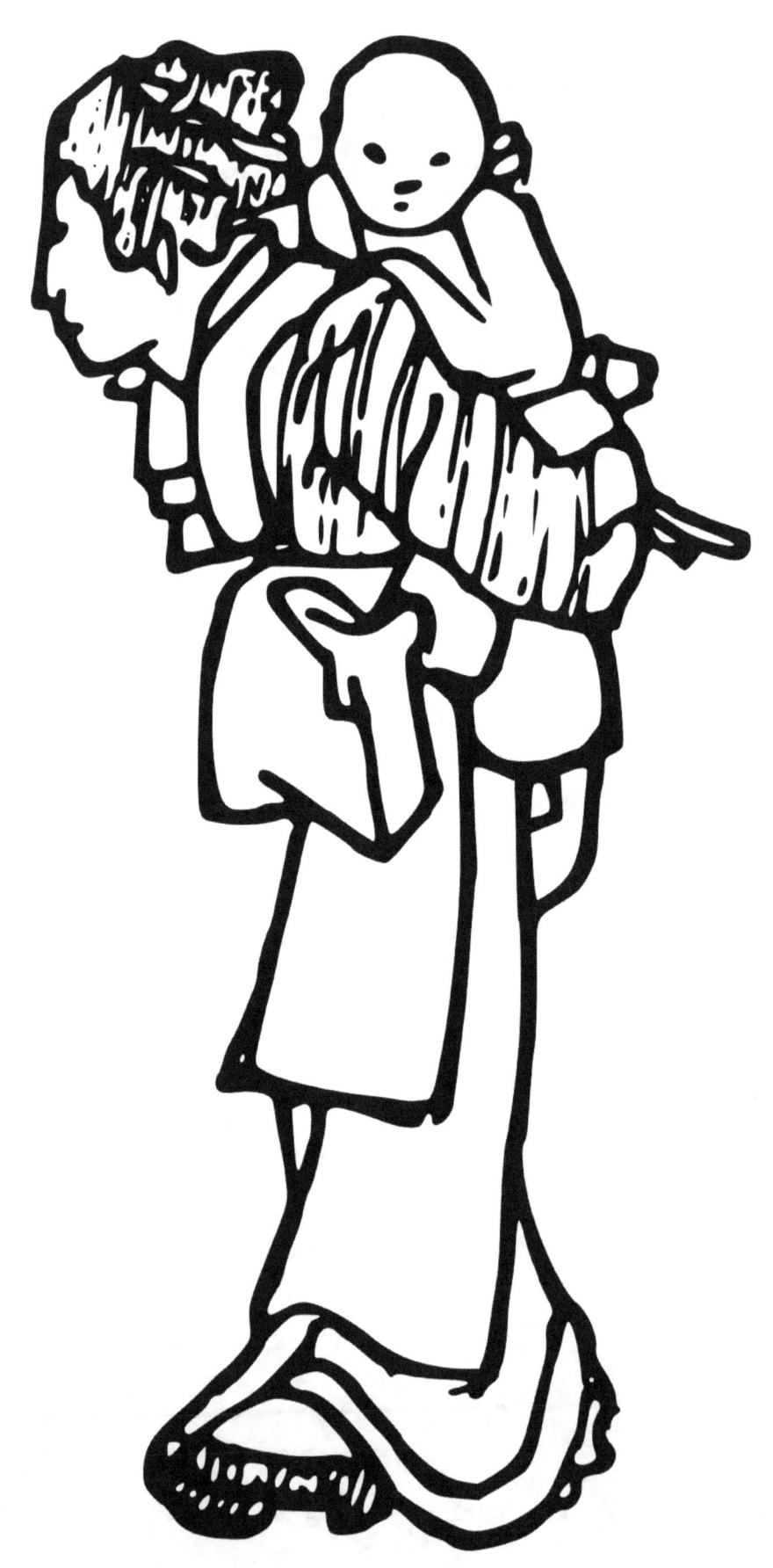

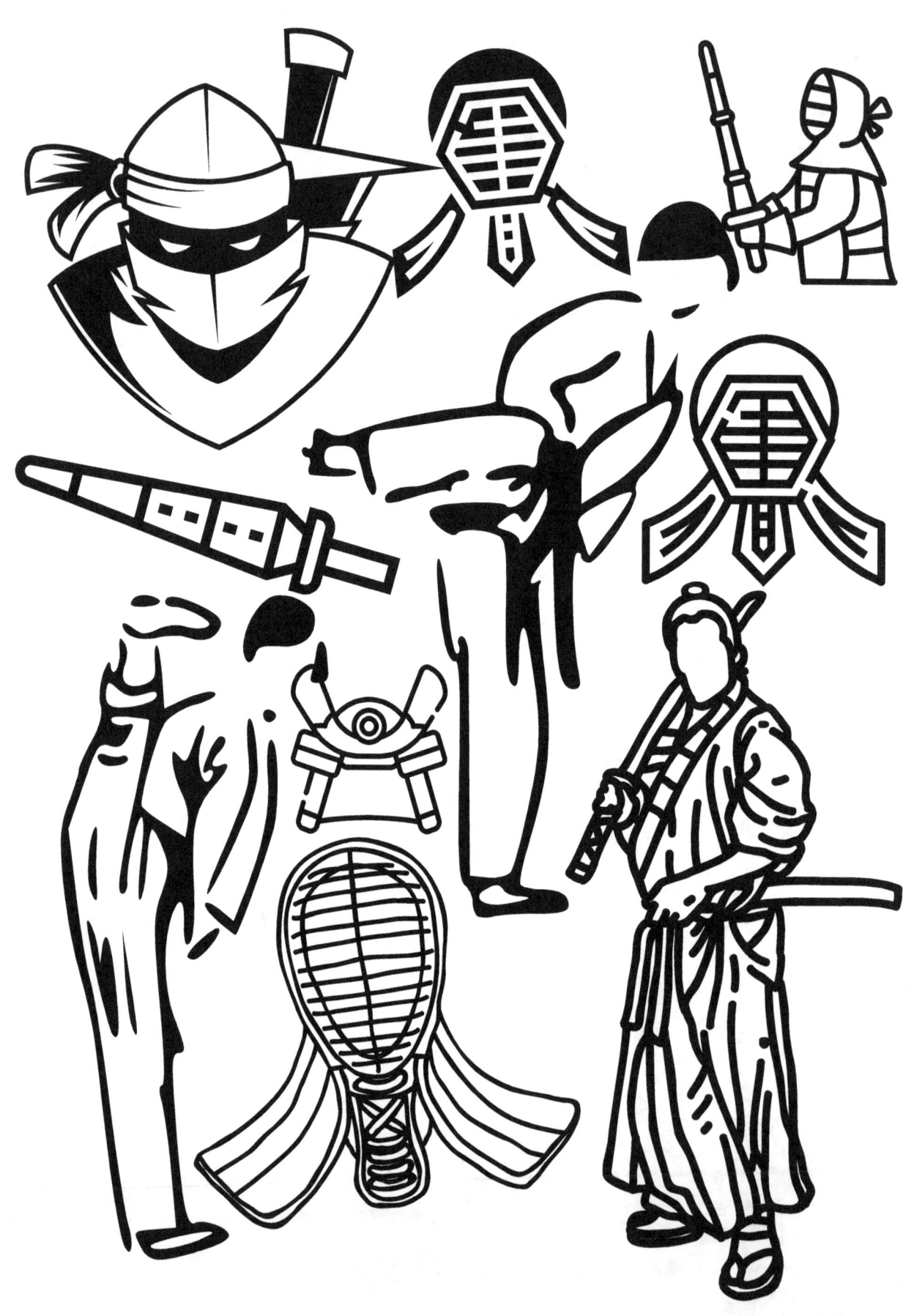

Japanese Coloring Book

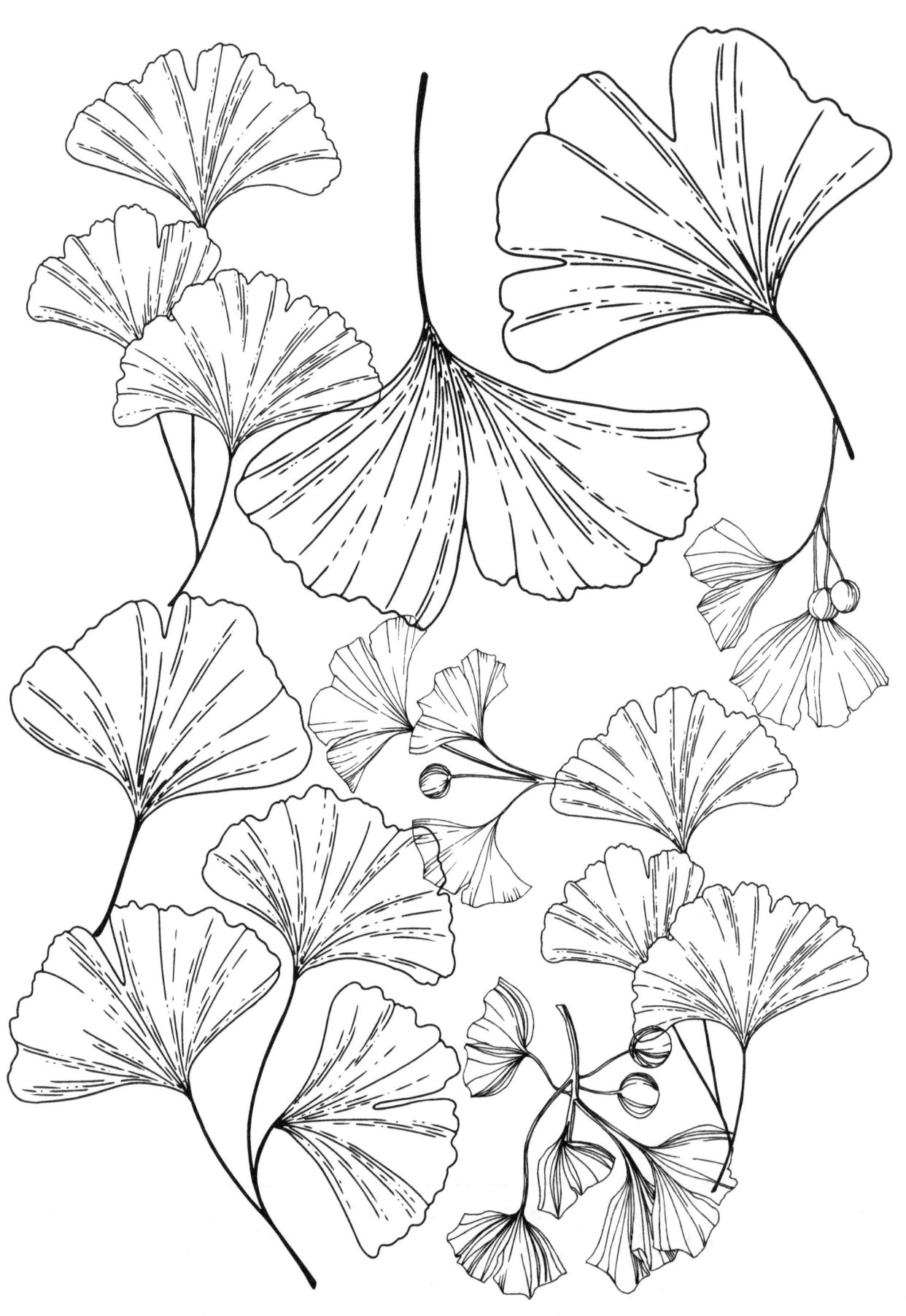

Japanese Coloring Book

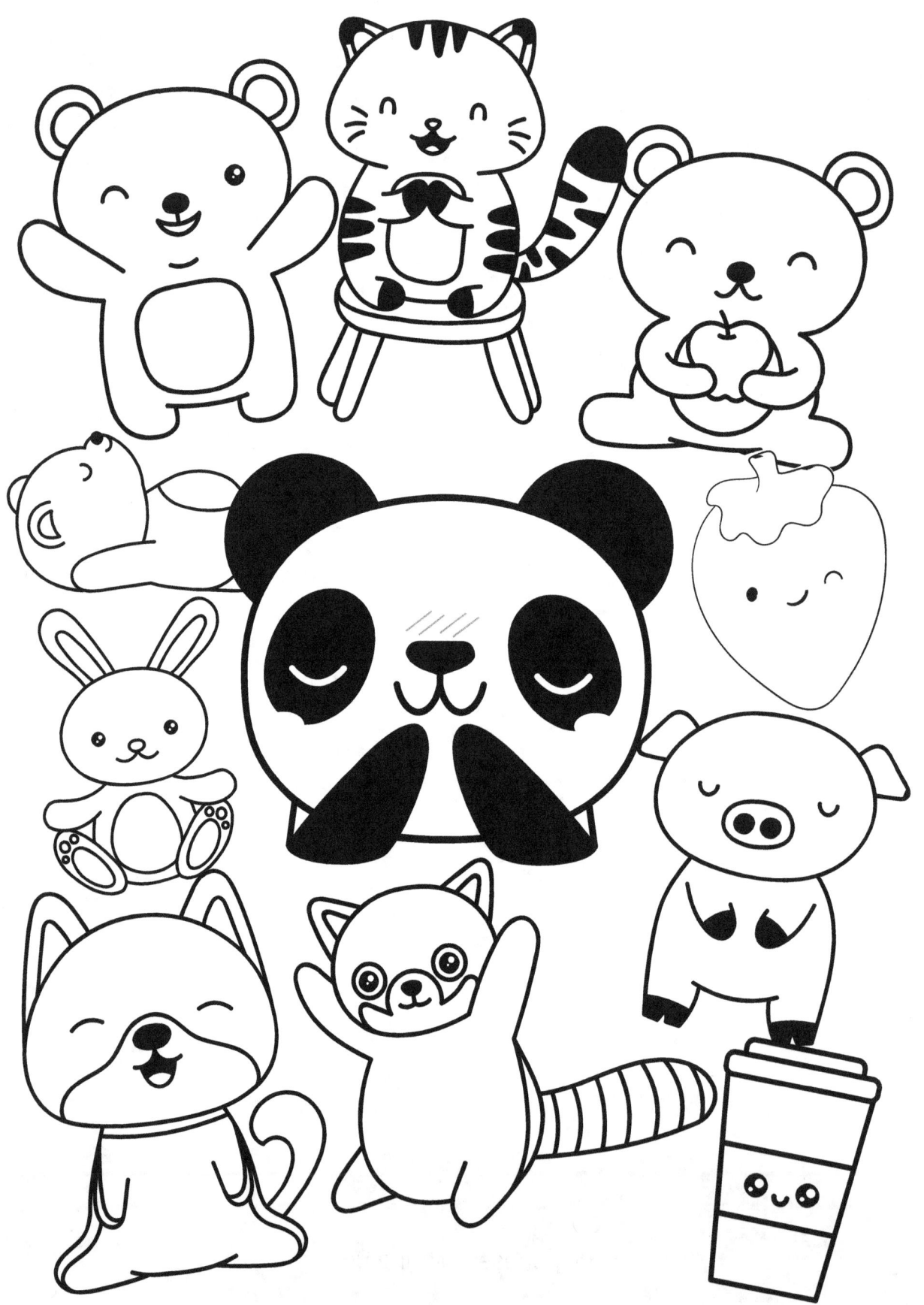

Japanese Coloring Book

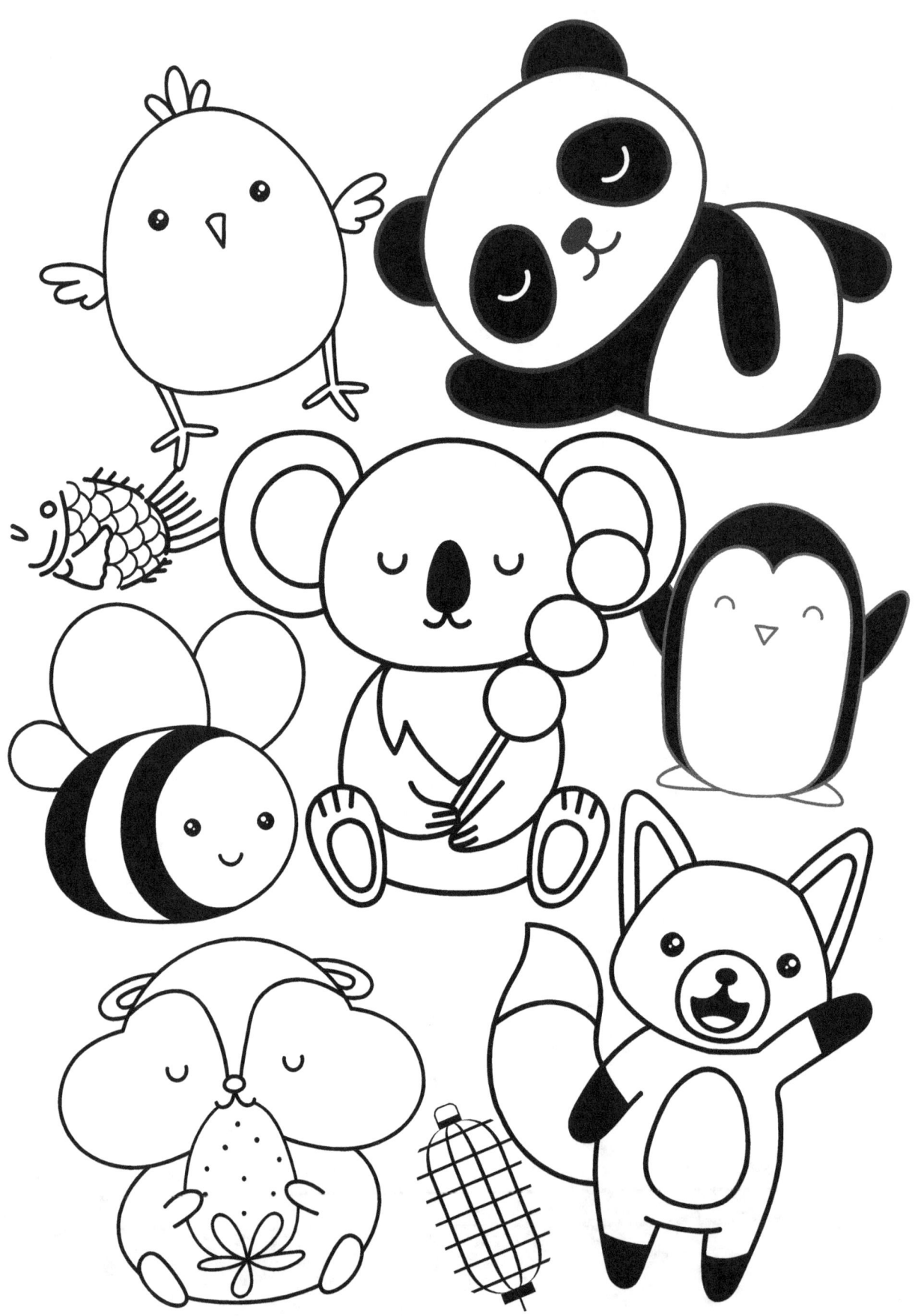

Japanese Coloring Book

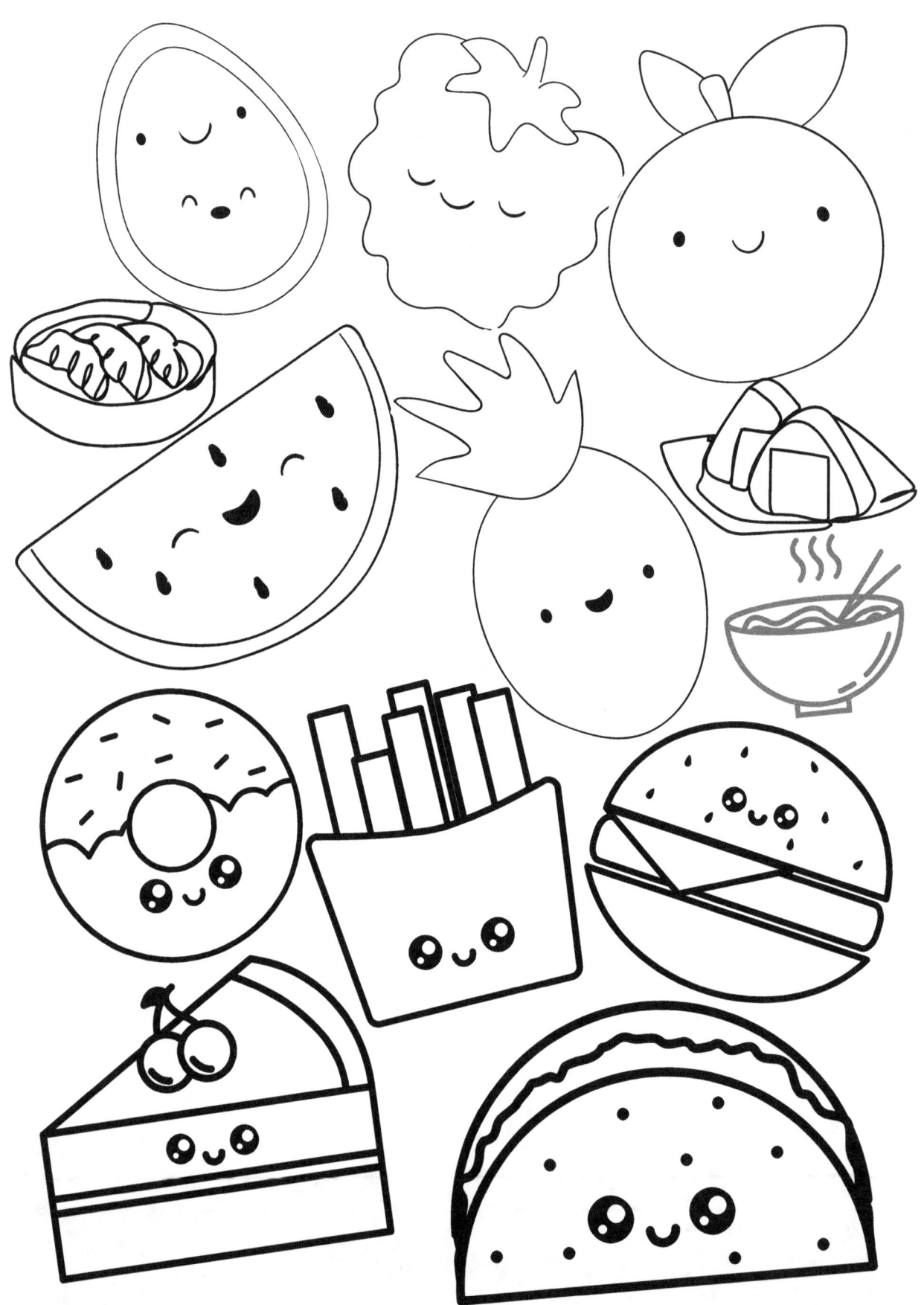

Japanese Coloring Book

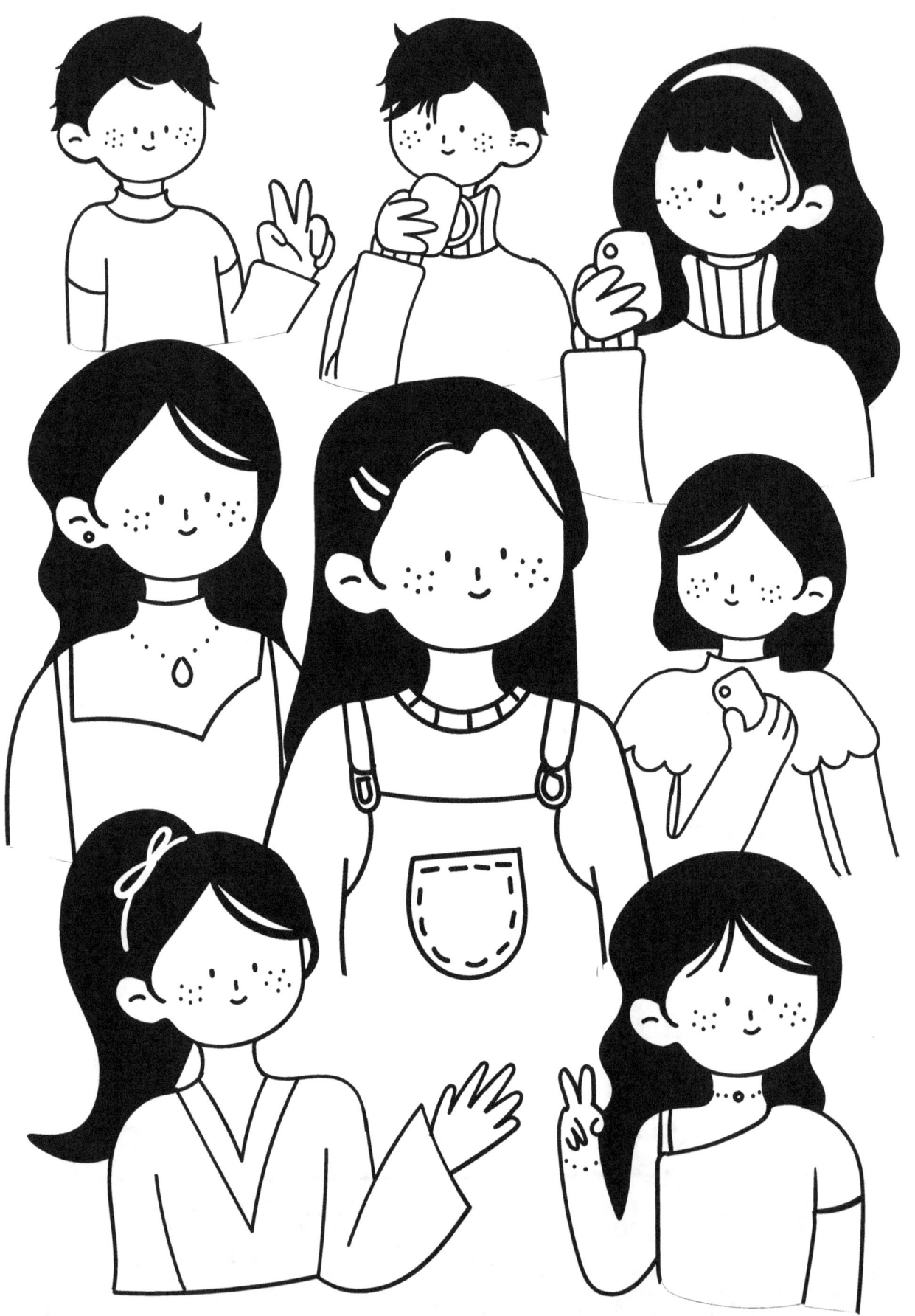

Japanese Coloring Book

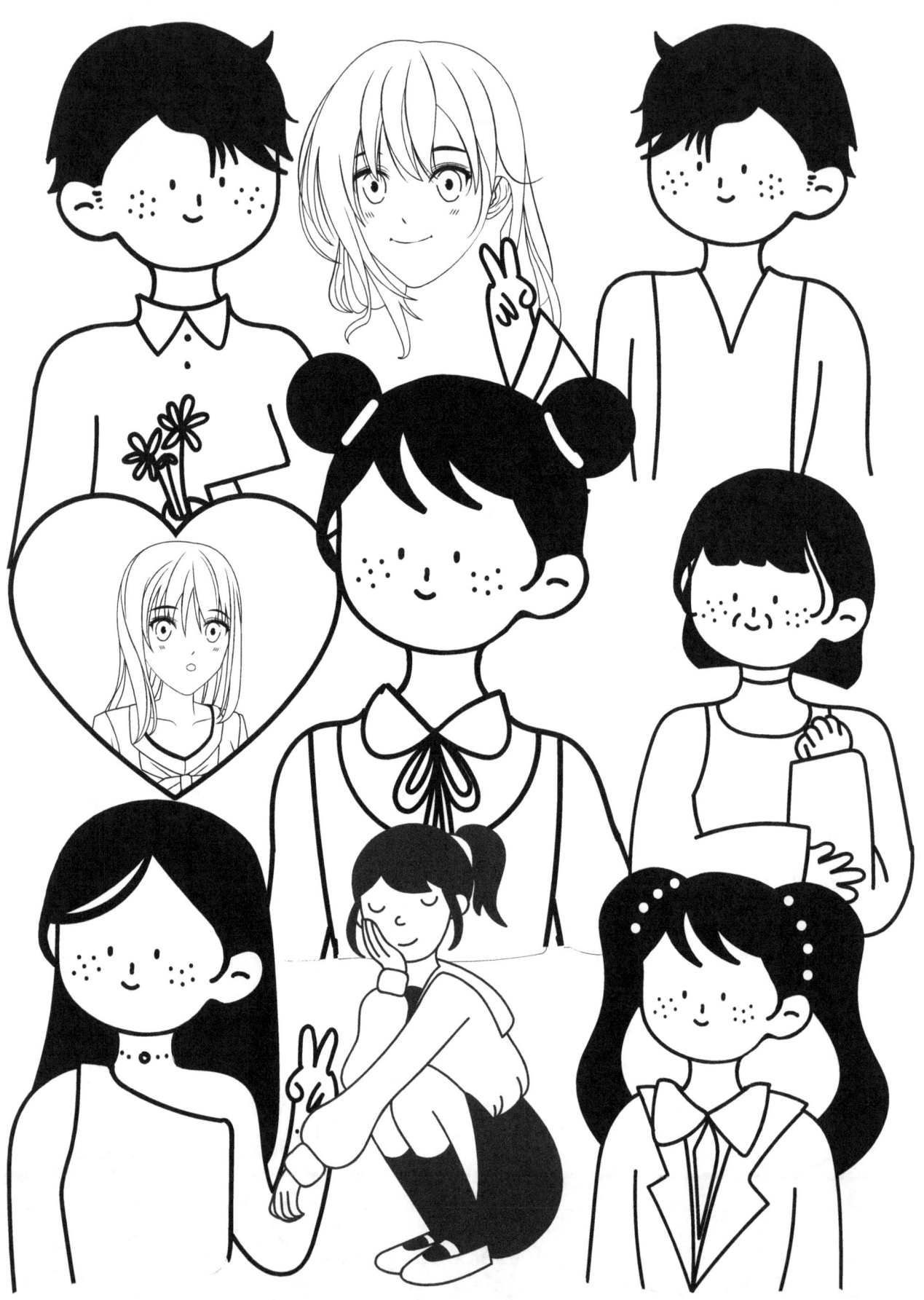

Japanese Coloring Book

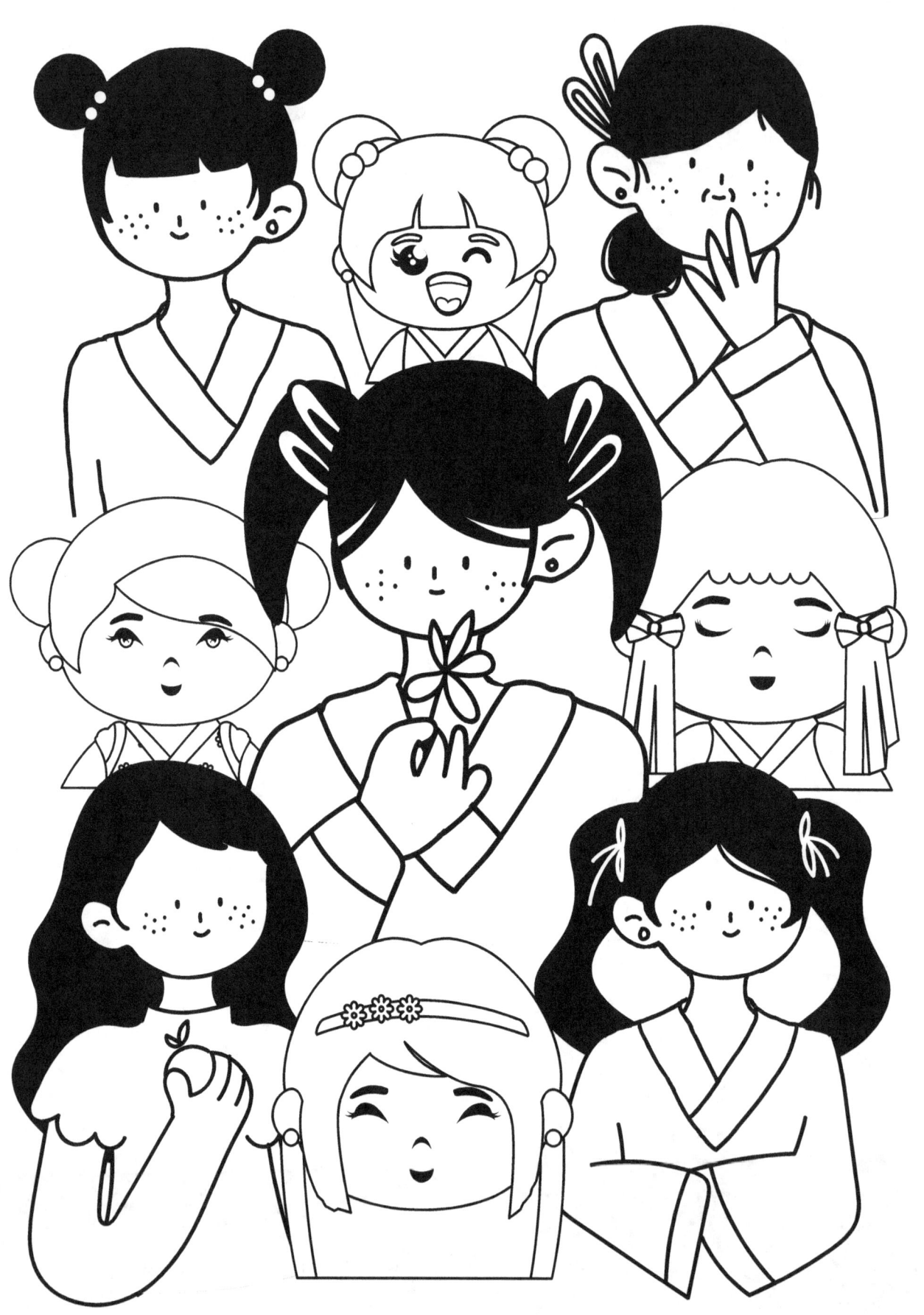

Japanese Coloring Book

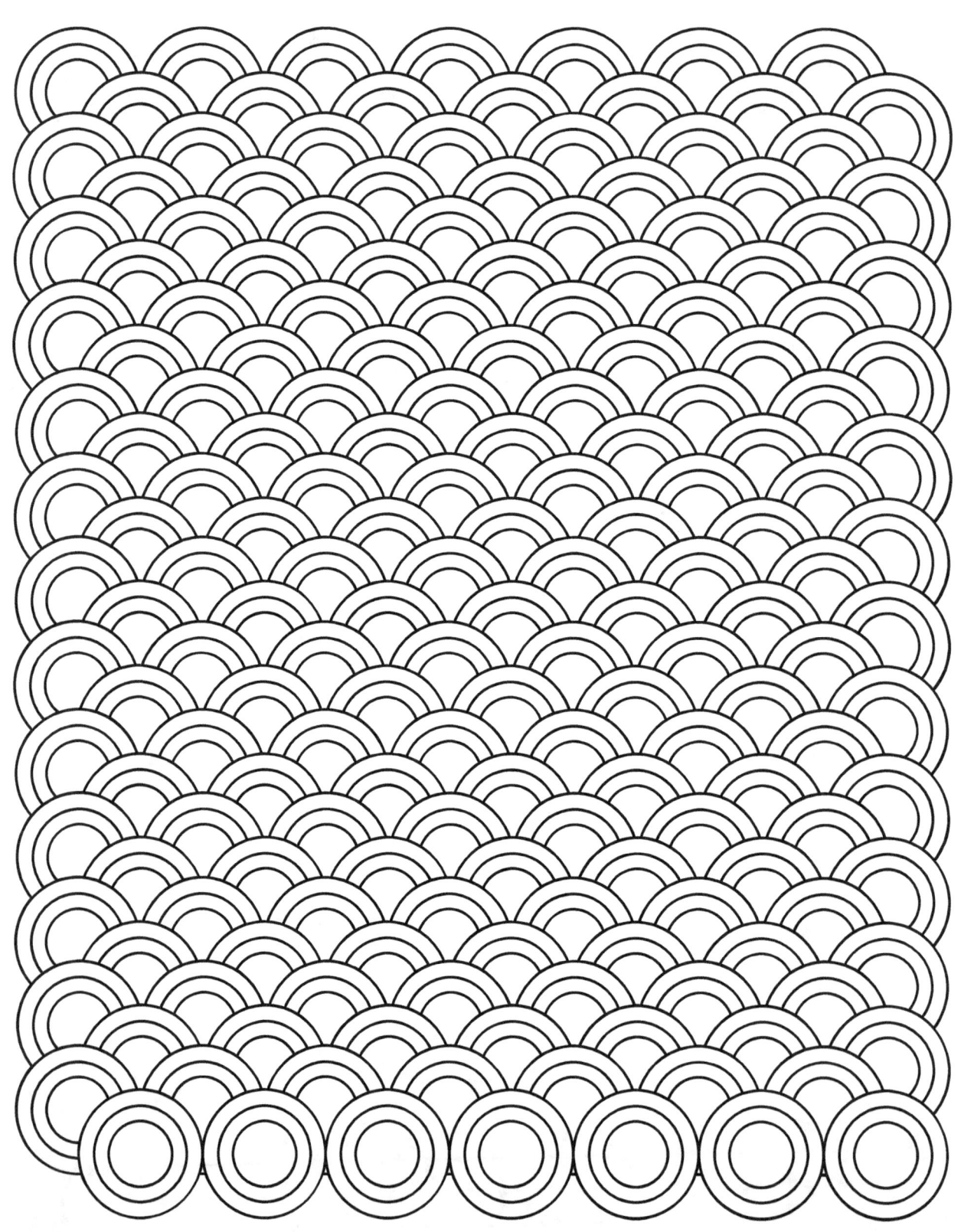

Japanese Coloring Book

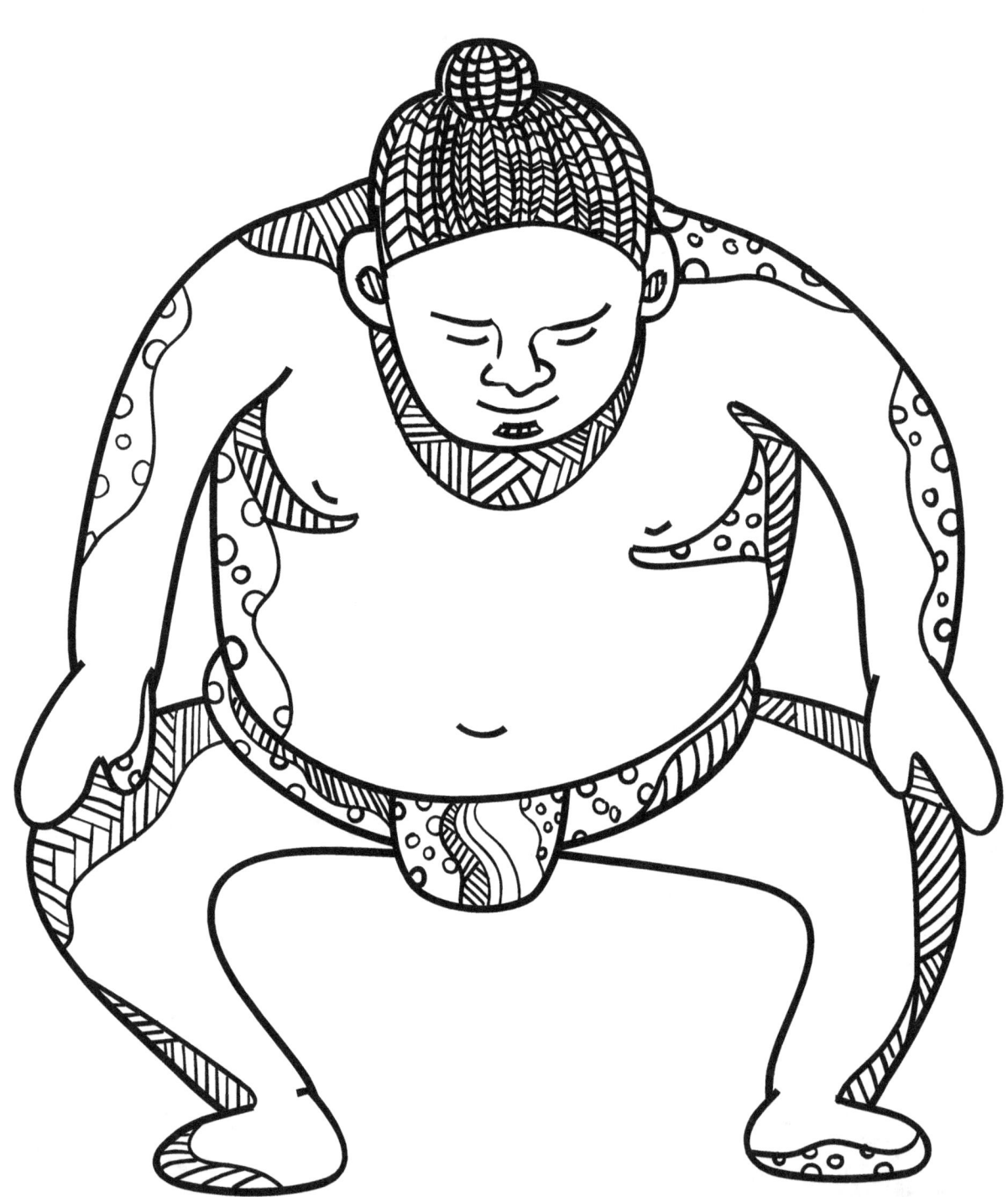

Japanese Coloring Book

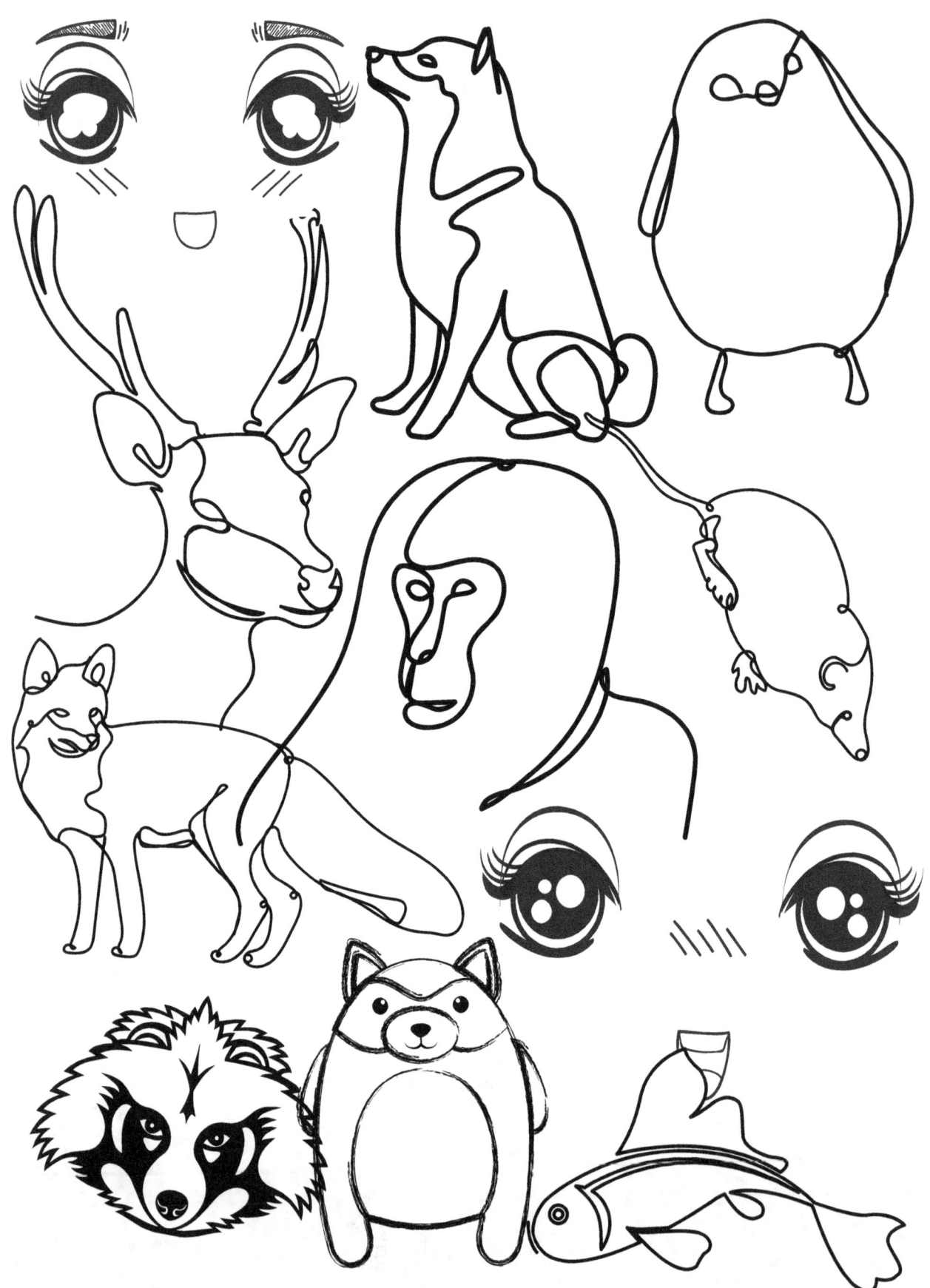

Japanese Coloring Book

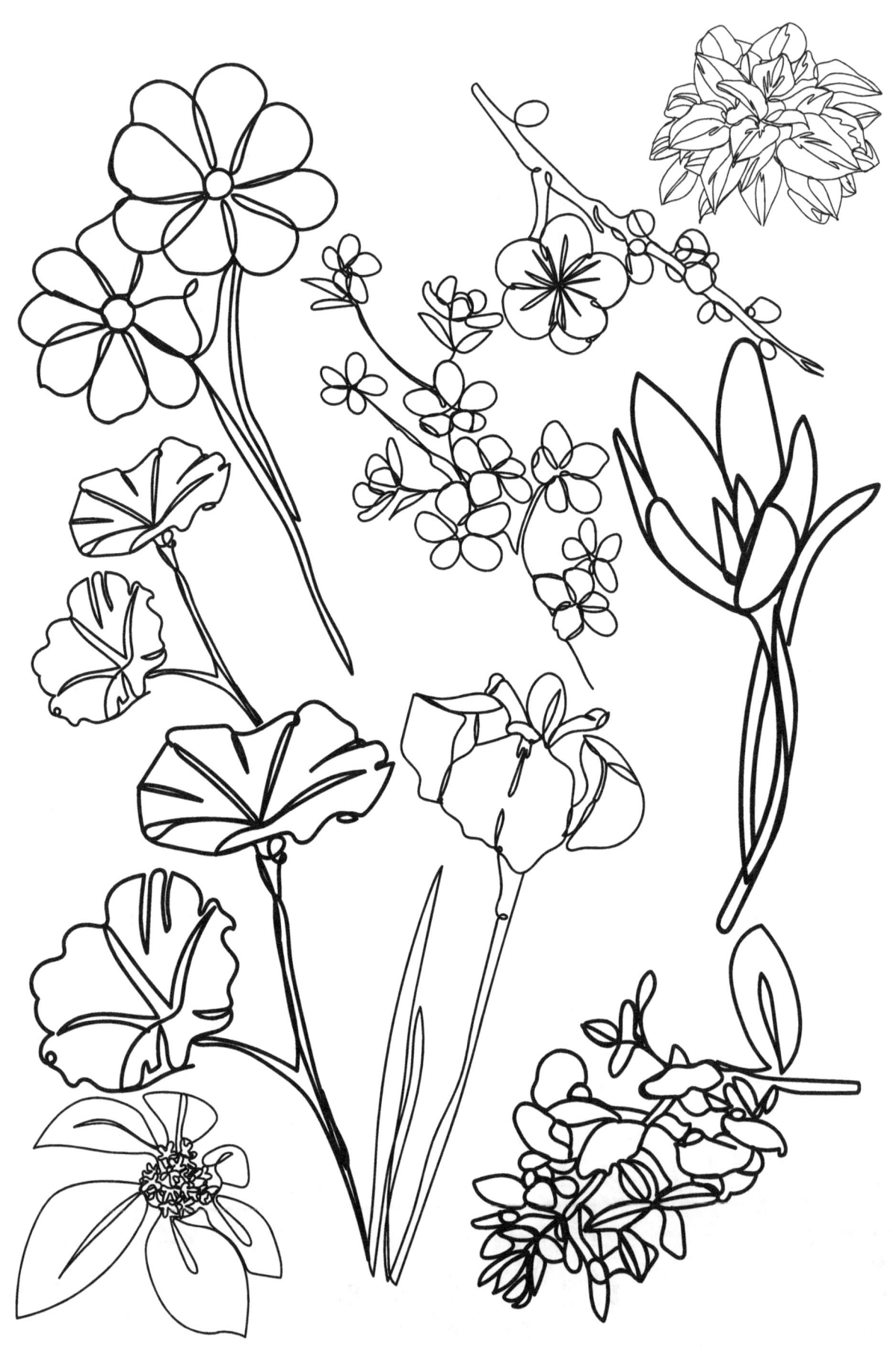

Japanese Coloring Book

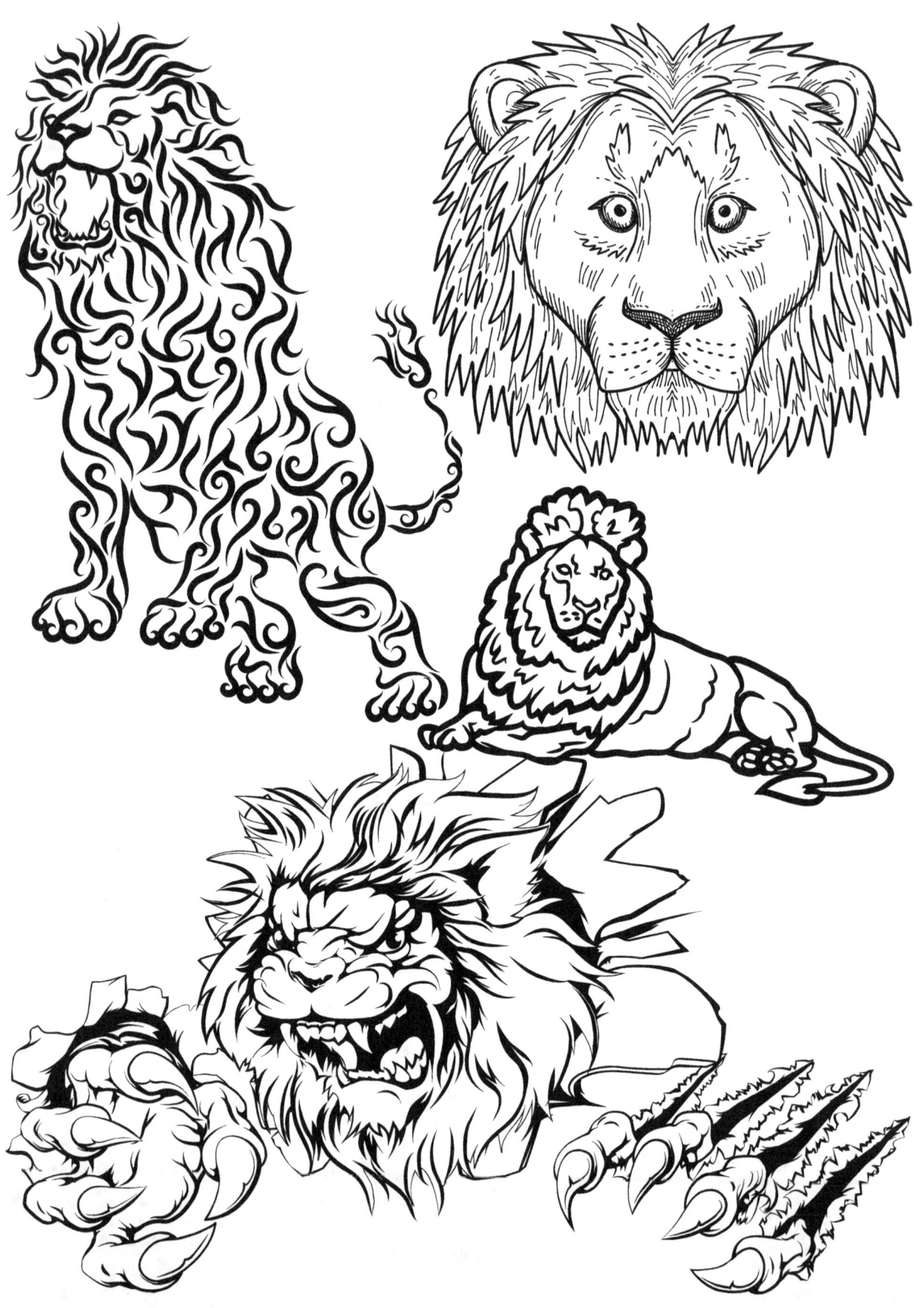

Japanese Coloring Book

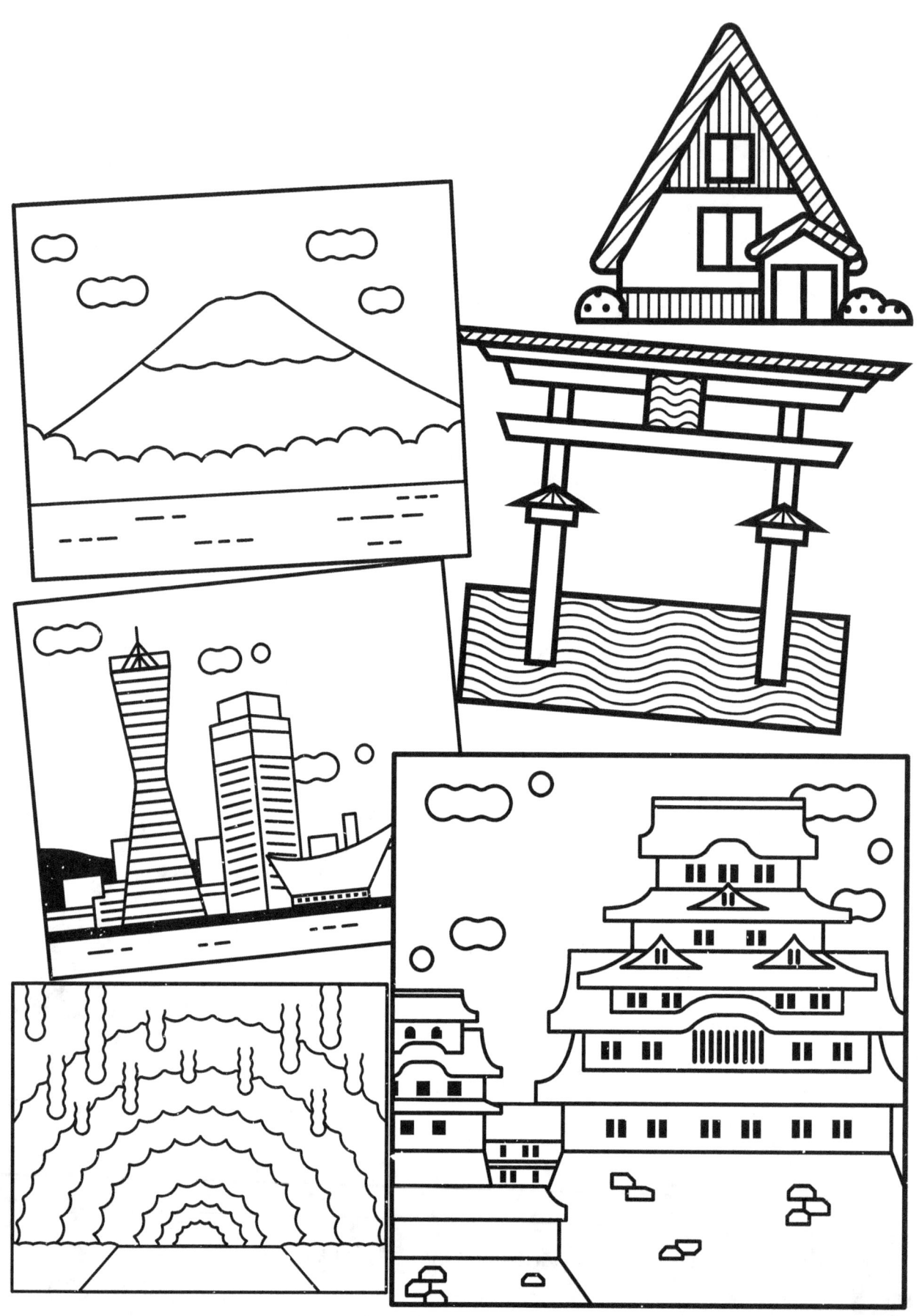

Japanese Coloring Book

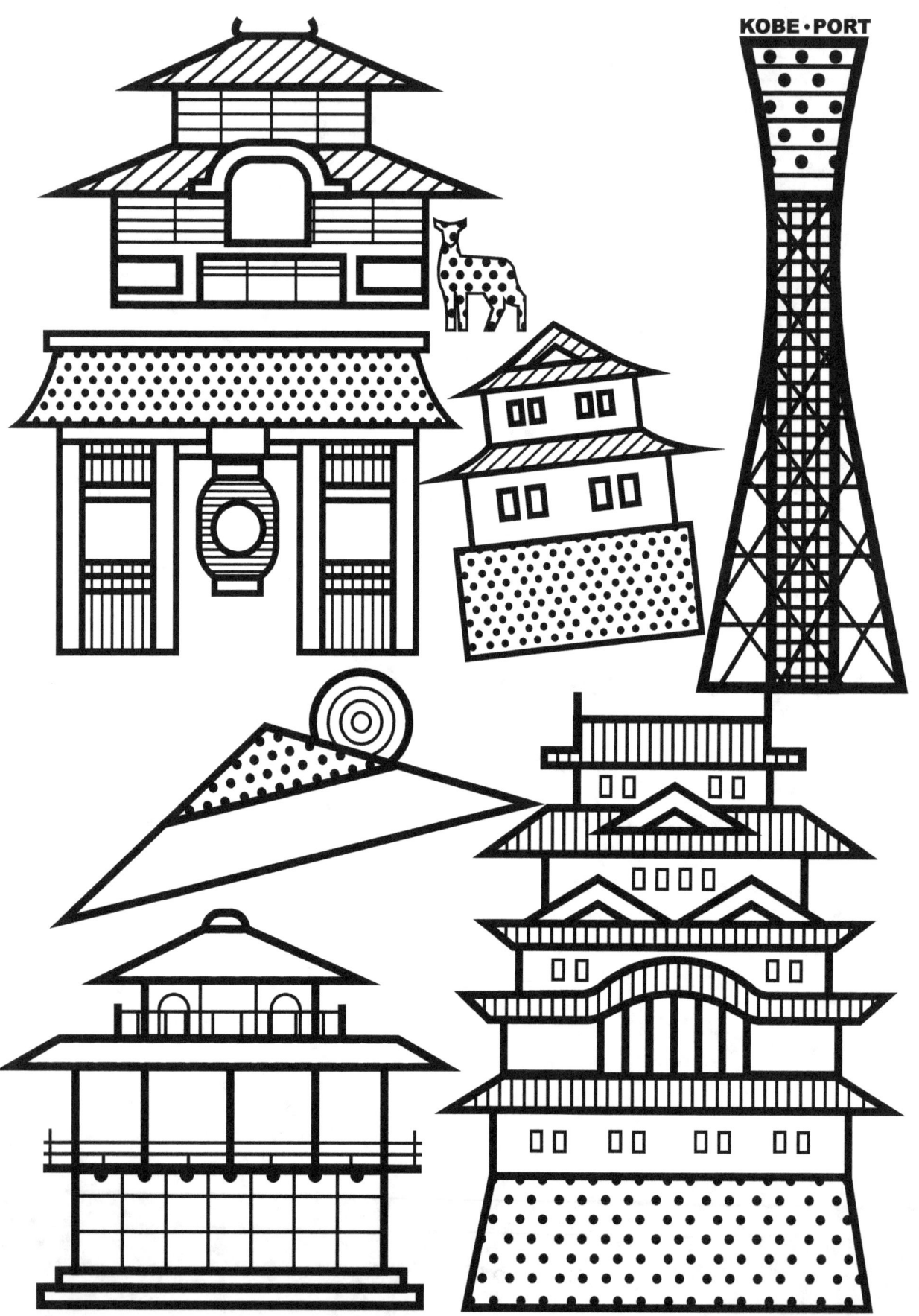

Japanese Coloring Book

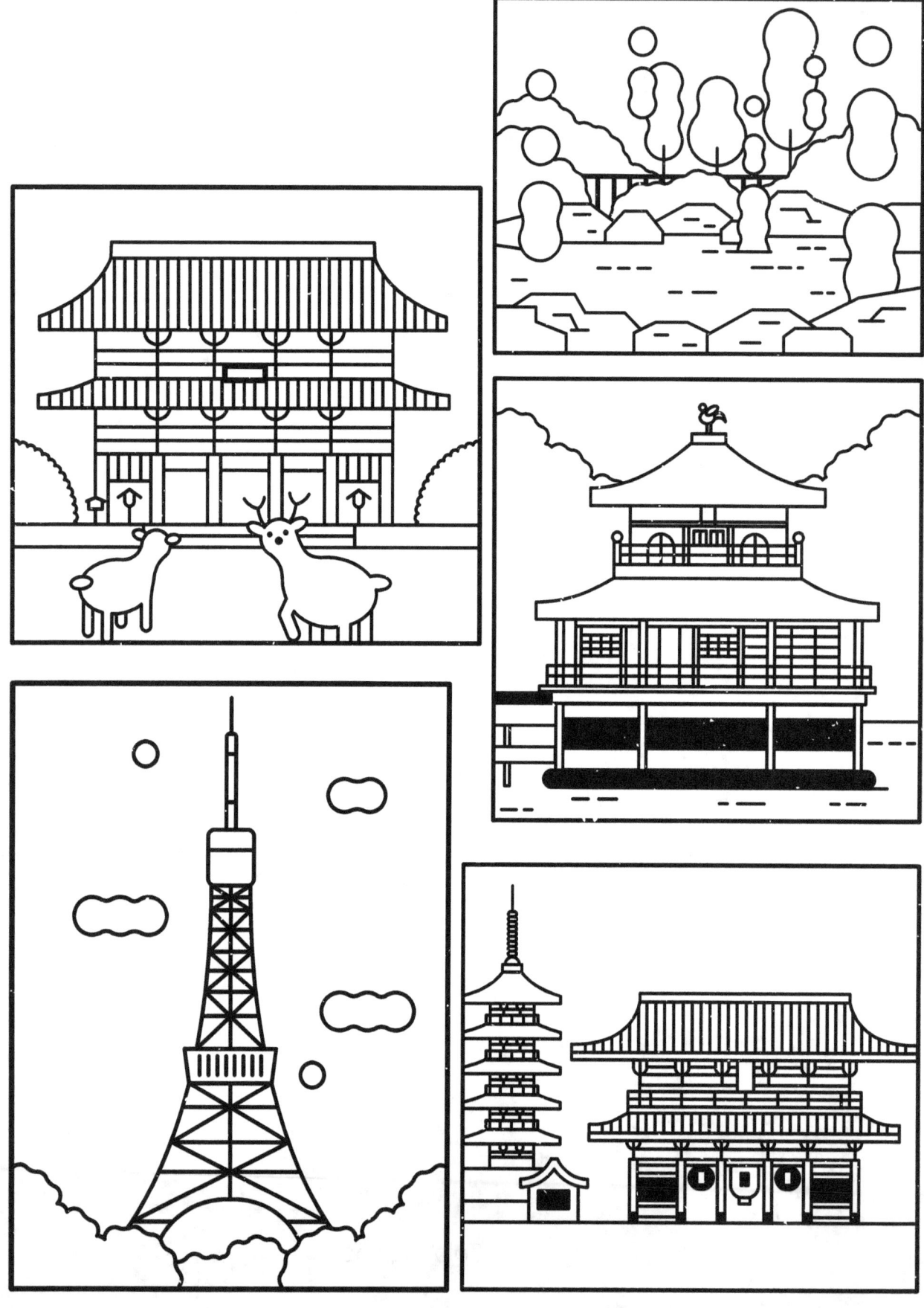

Japanese Coloring Book

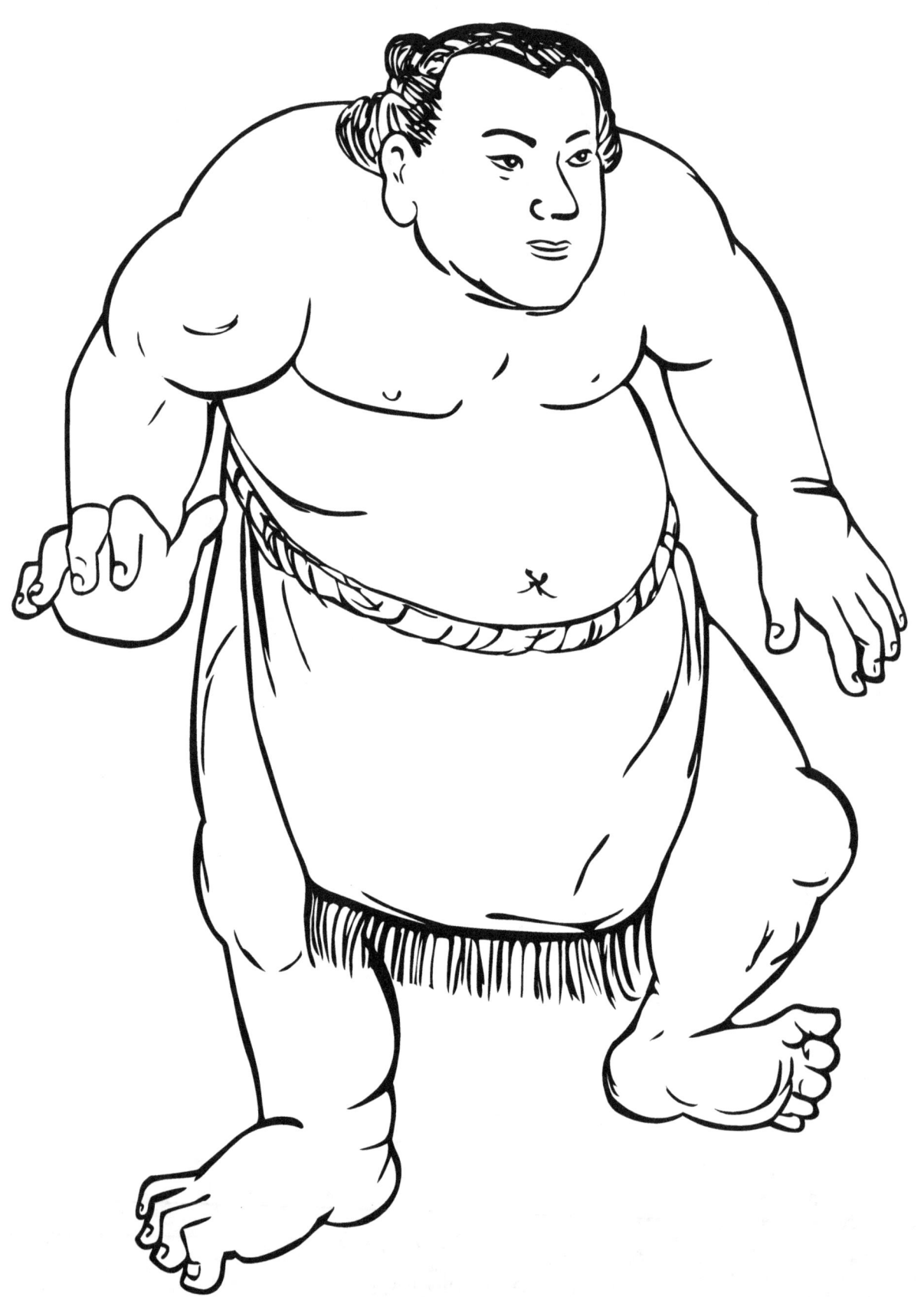

Japanese Coloring Book

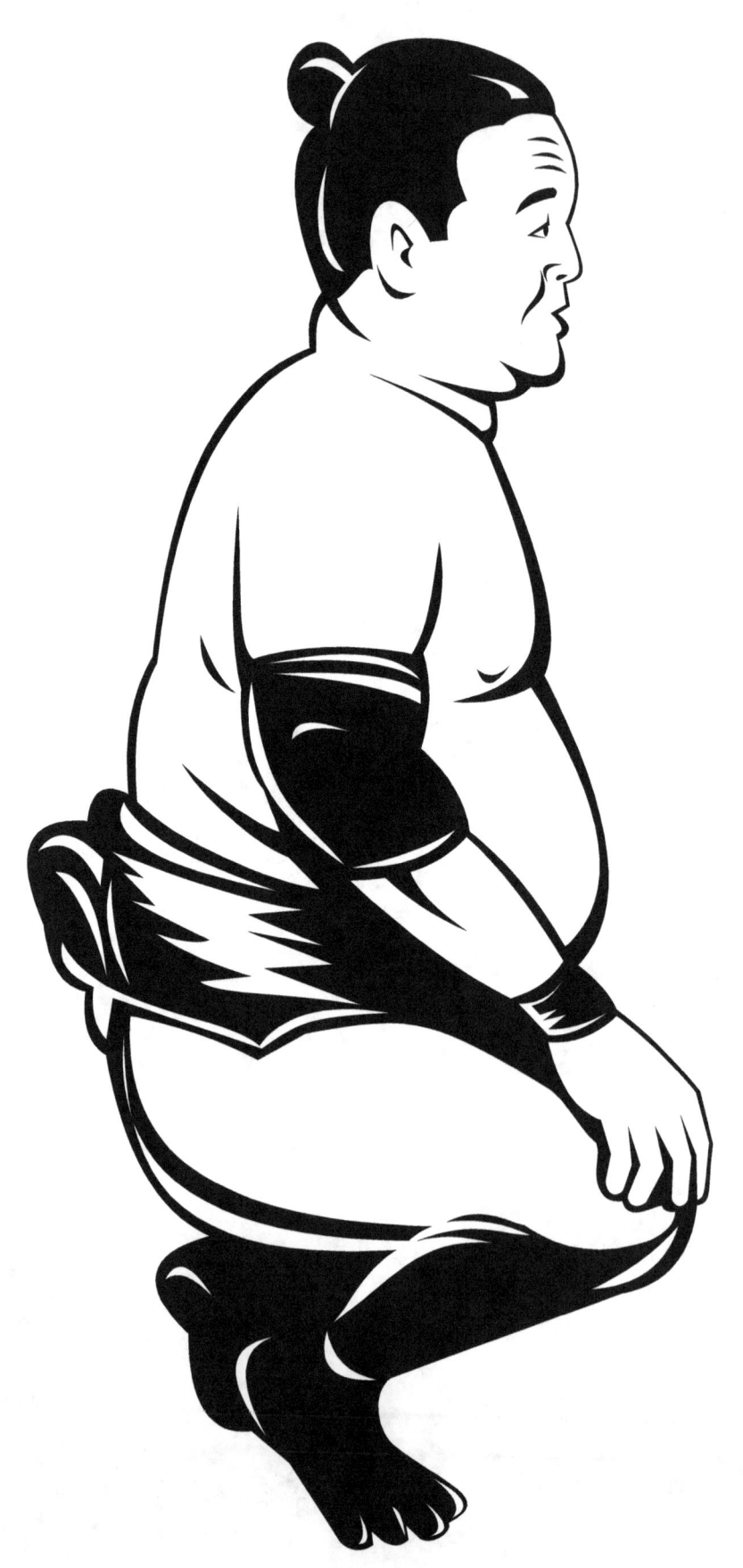

Japanese Coloring Book

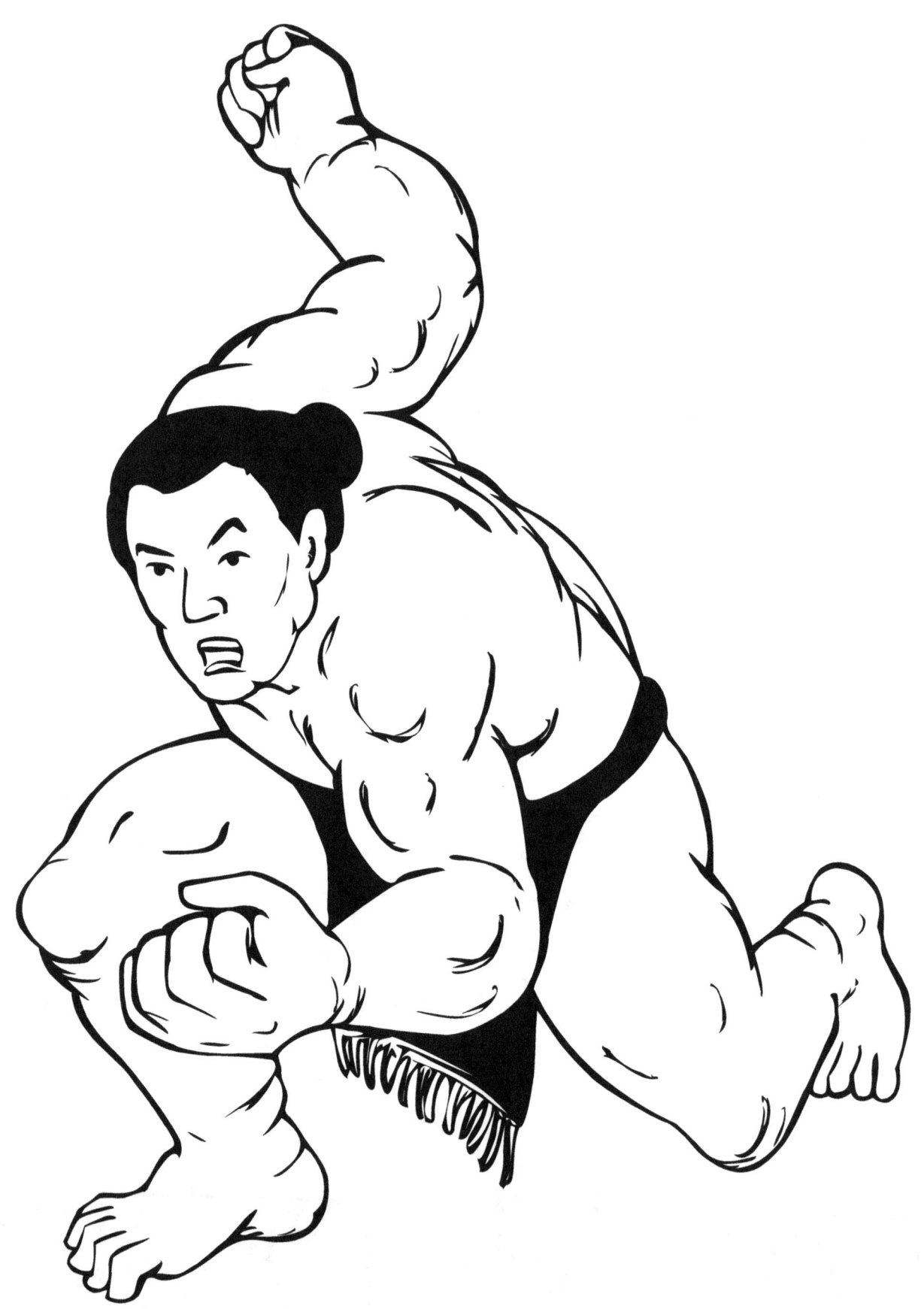

Japanese Coloring Book

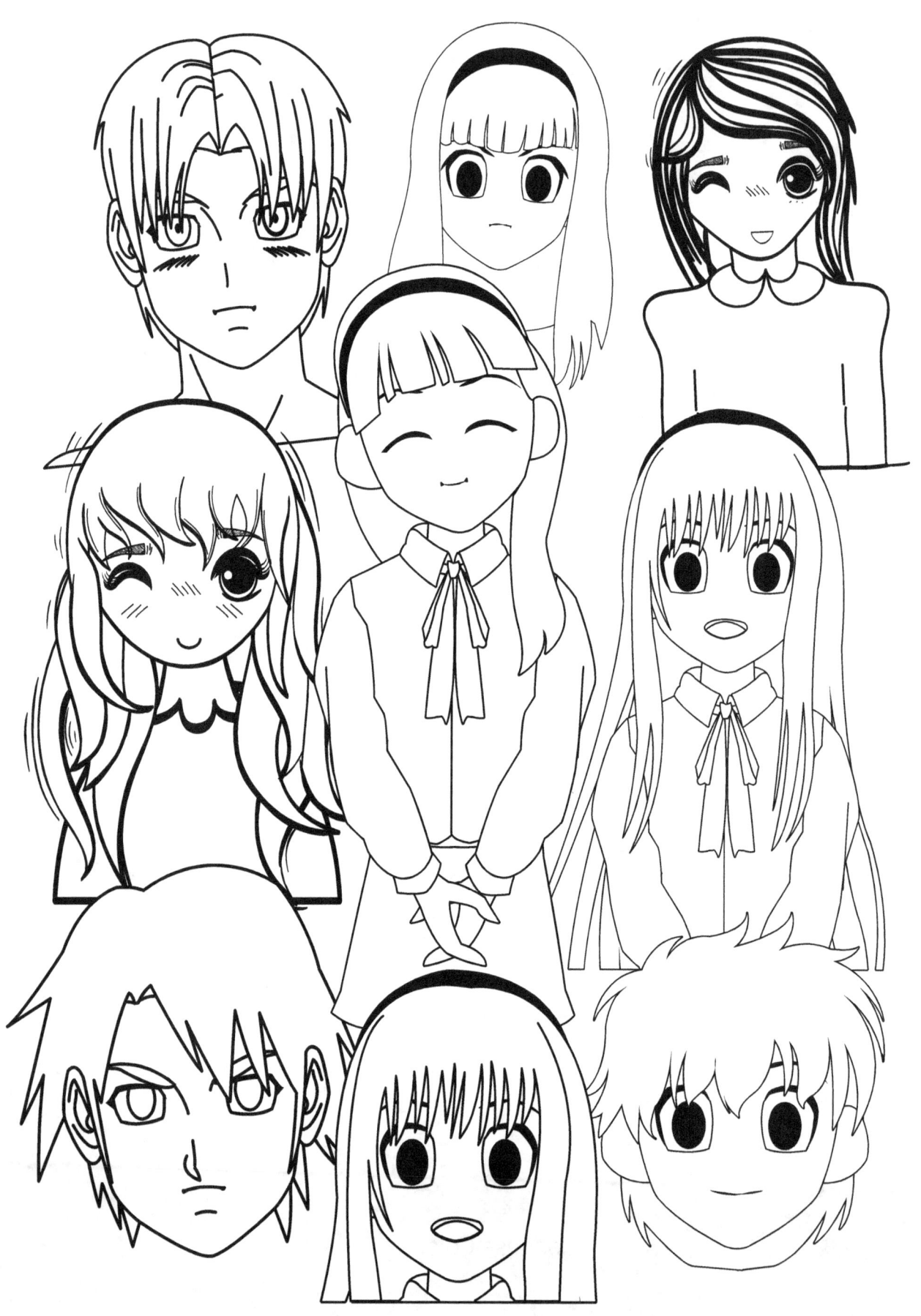

Japanese Coloring Book

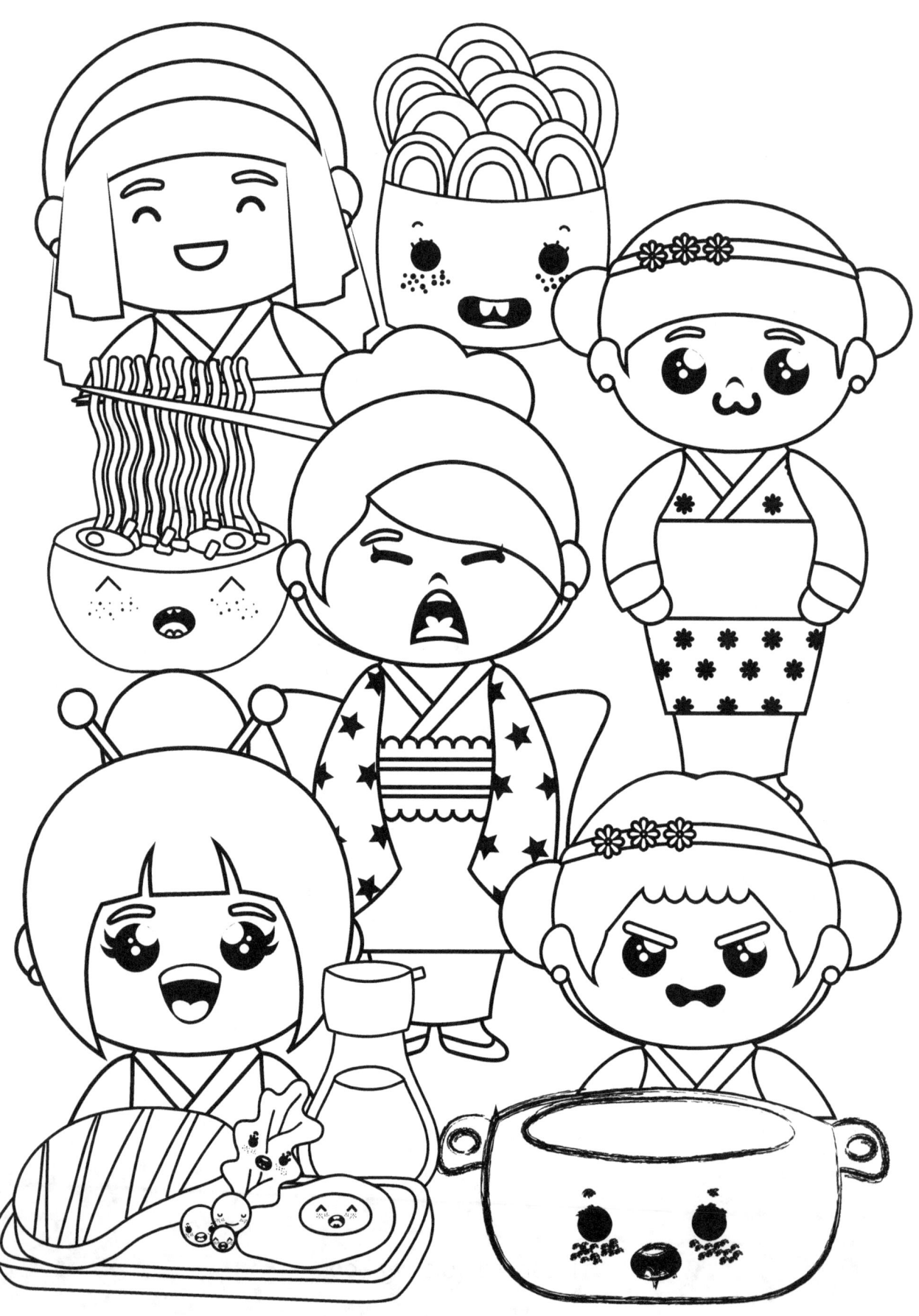

Japanese Coloring Book

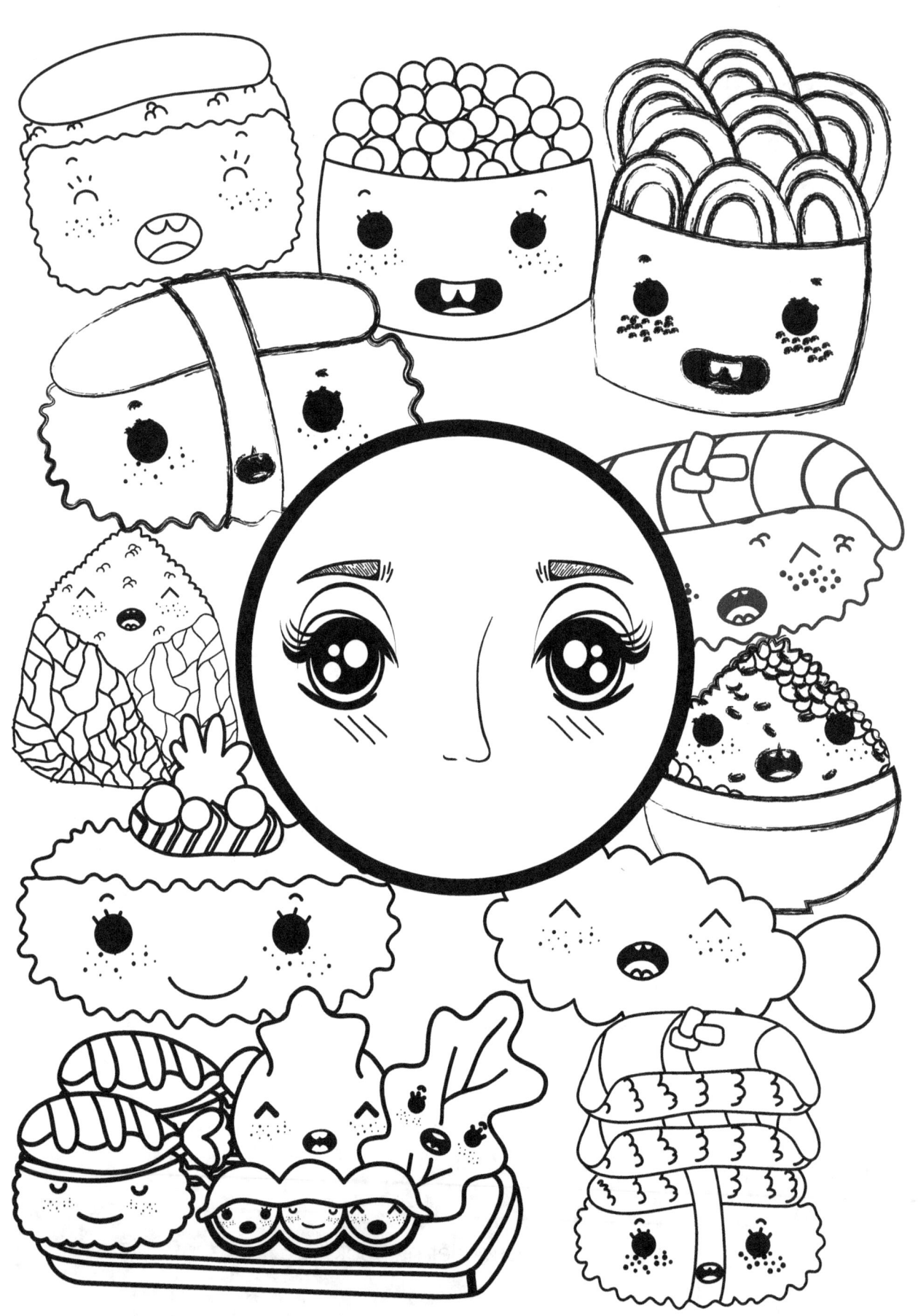

Japanese Coloring Book

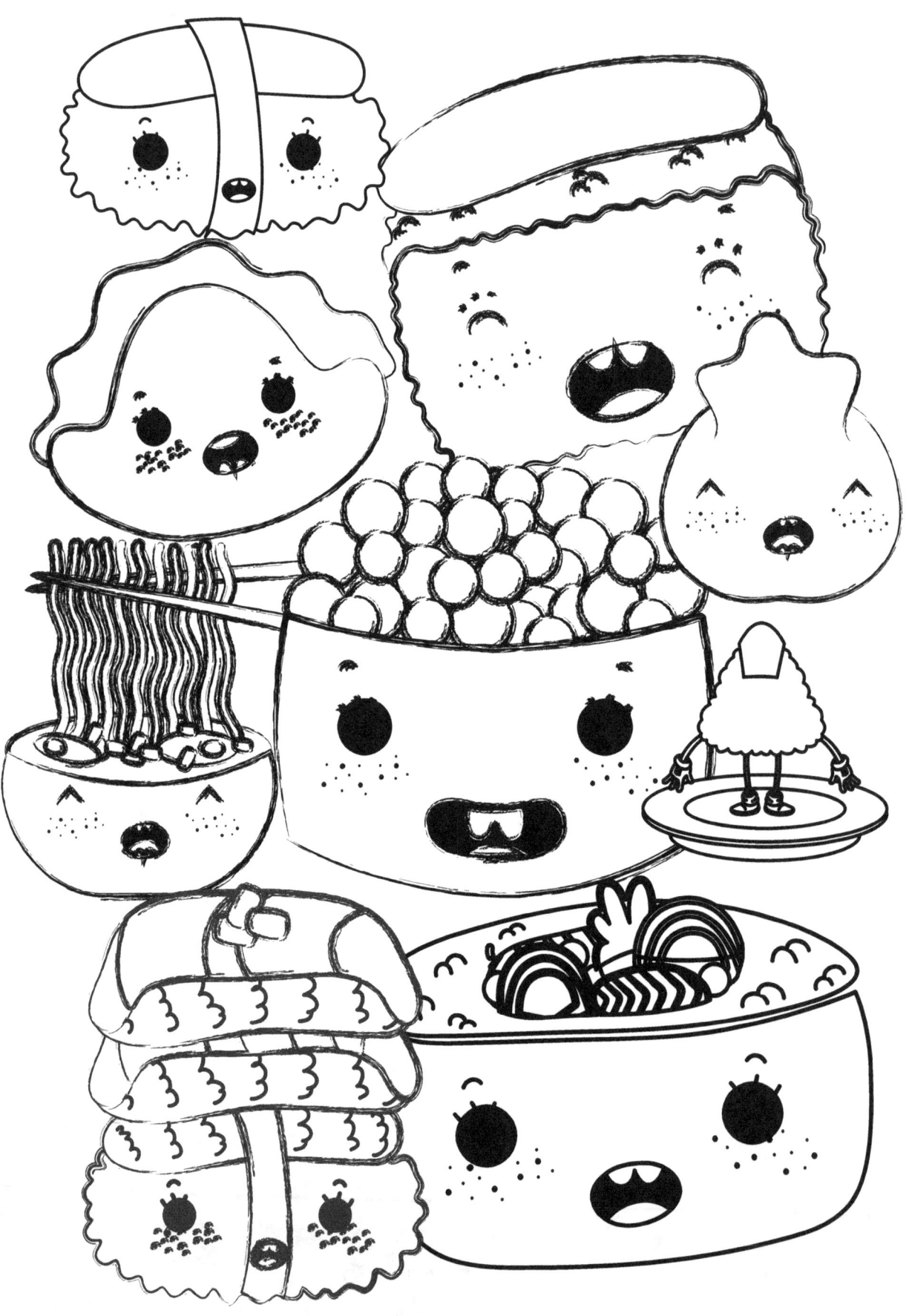

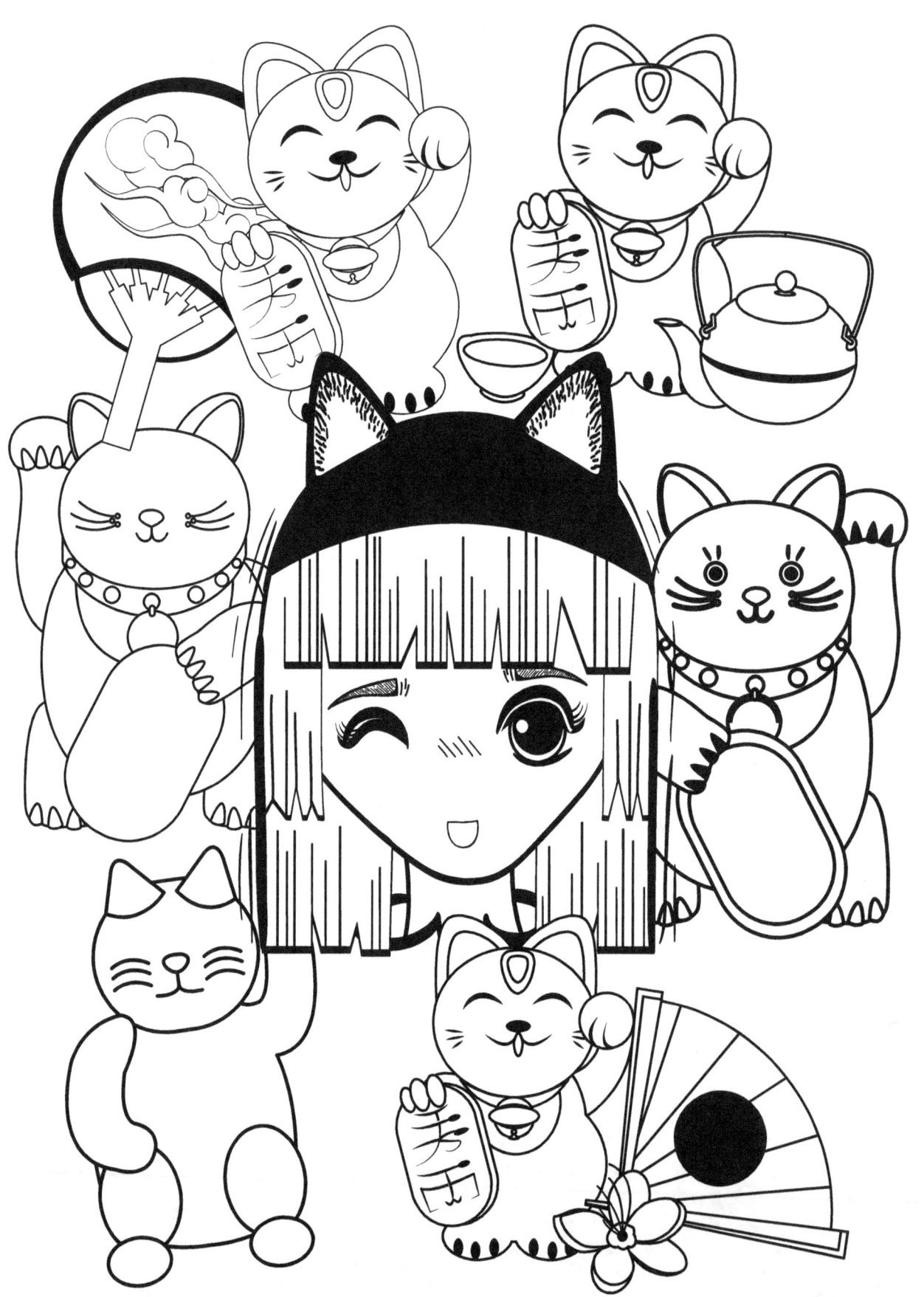

Japanese Coloring Book

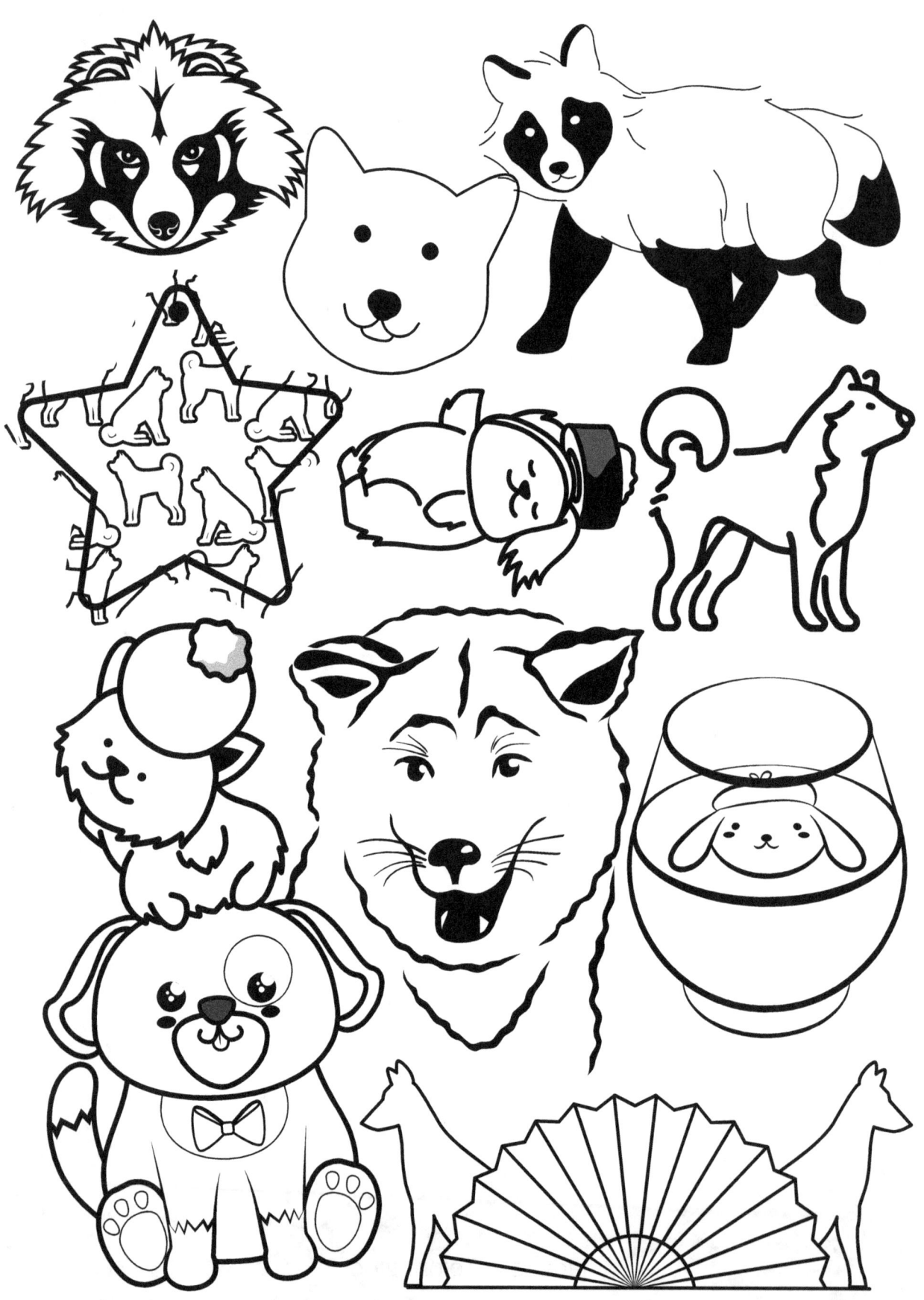

Japanese Coloring Book

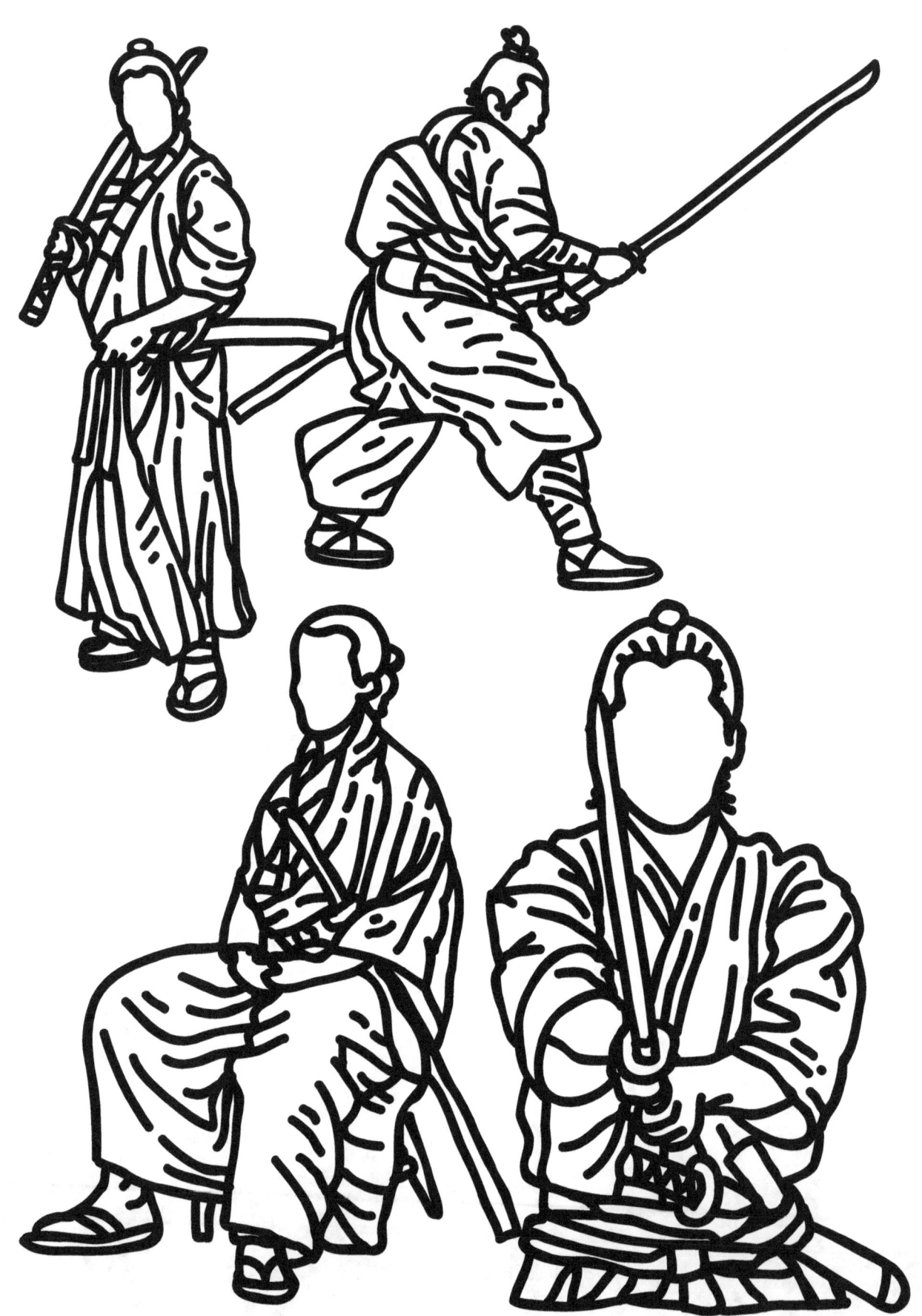

Japanese Coloring Book

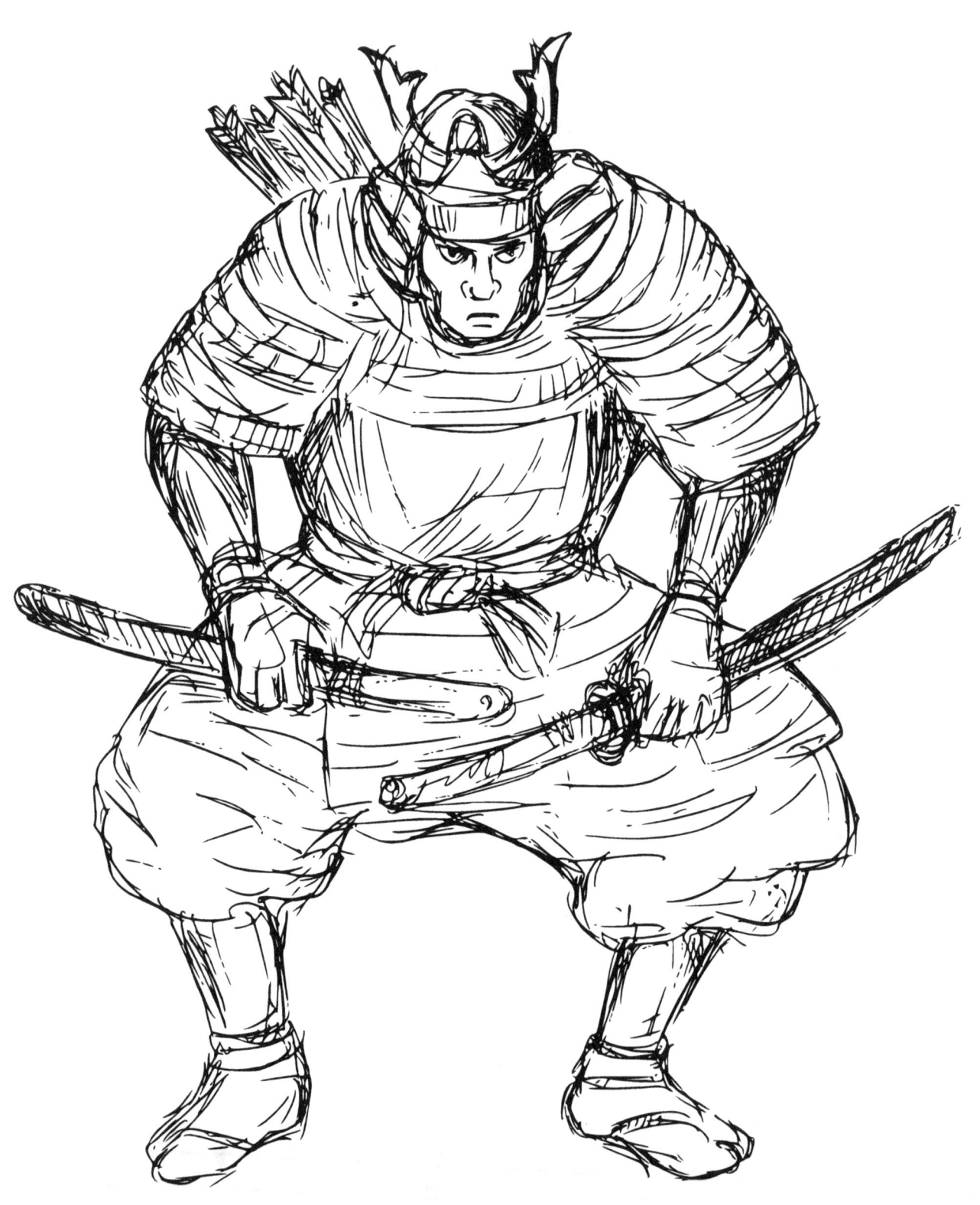

Japanese Coloring Book

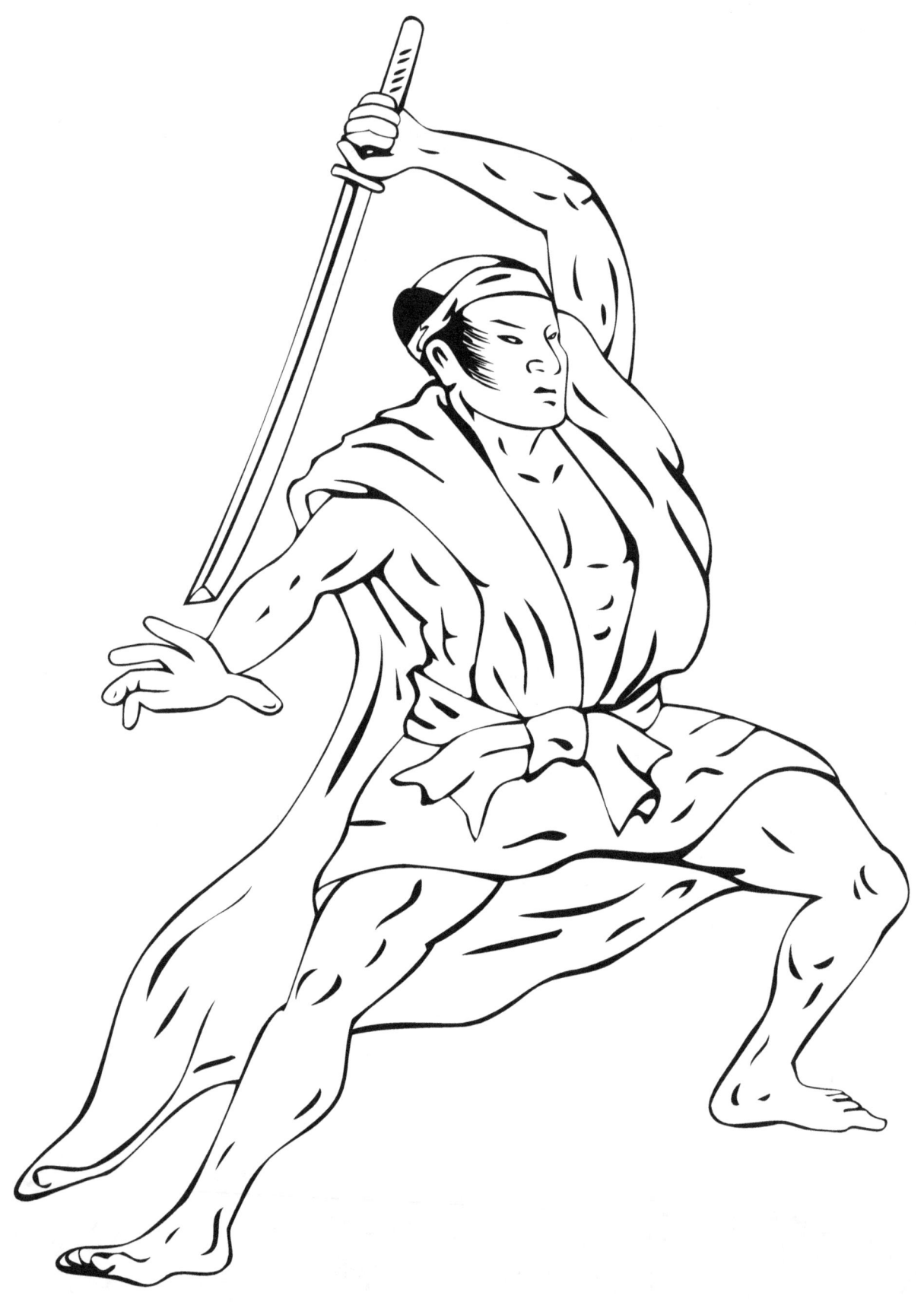

Japanese Coloring Book

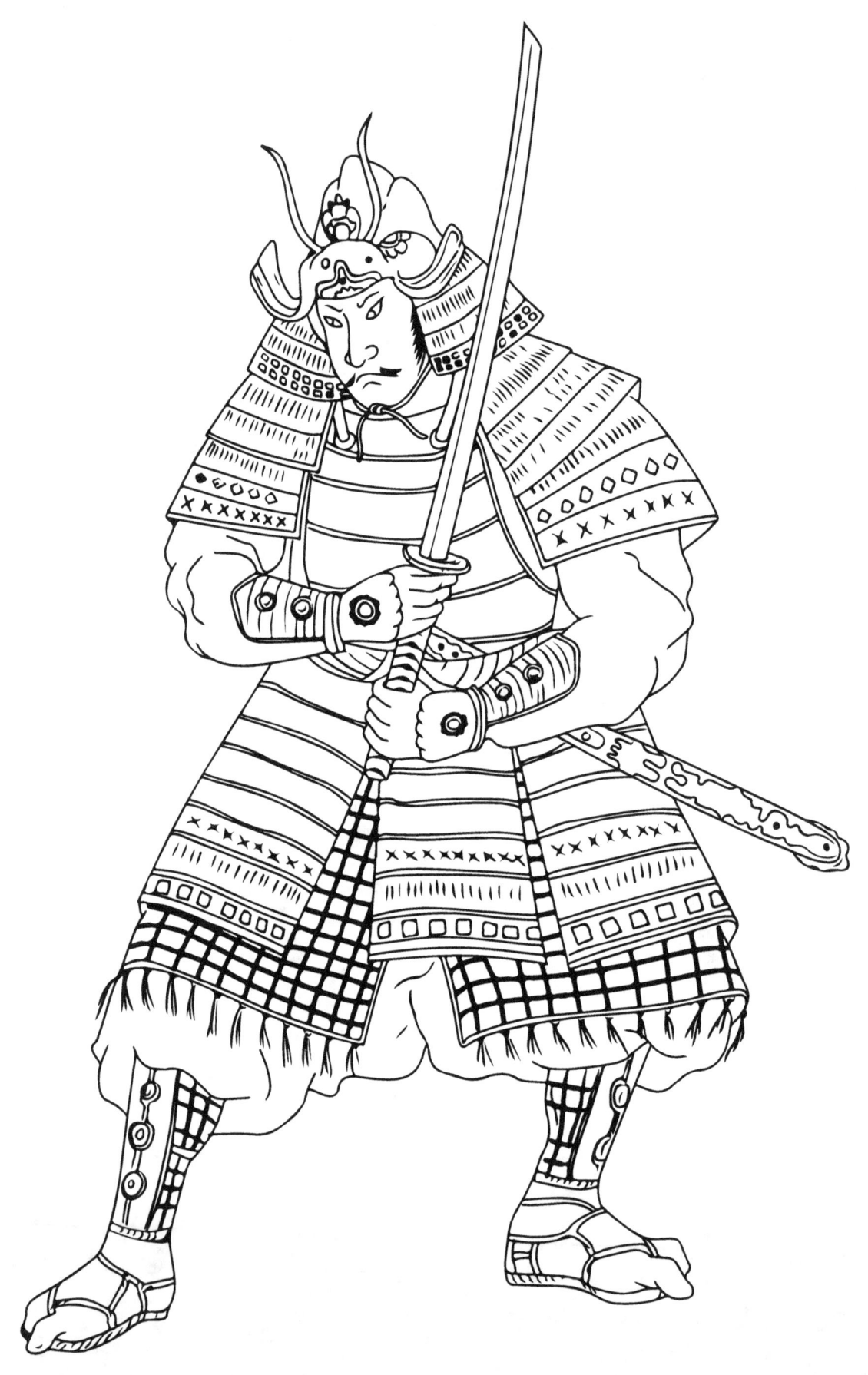

Japanese Coloring Book

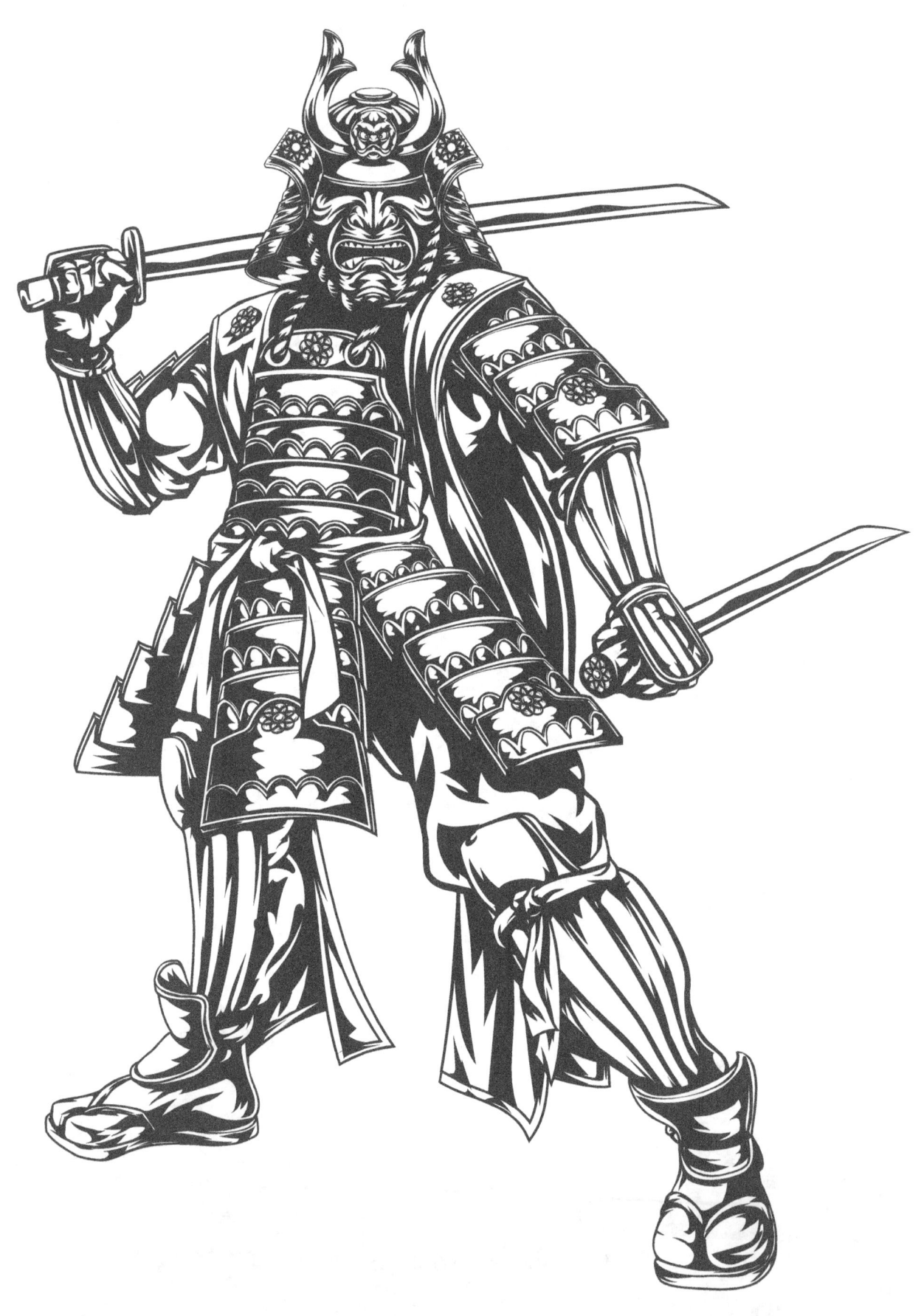

Japanese Coloring Book

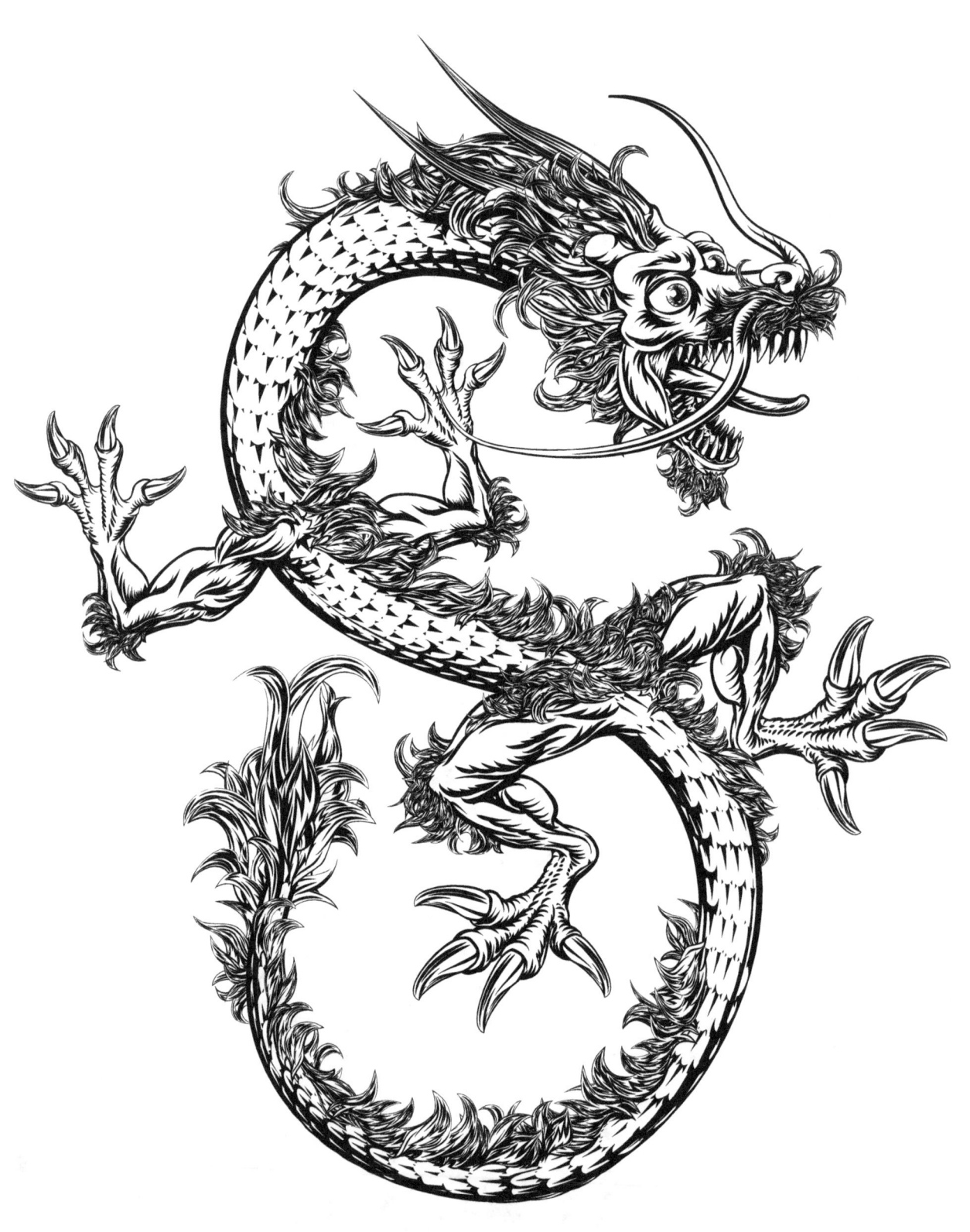

Japanese Coloring Book

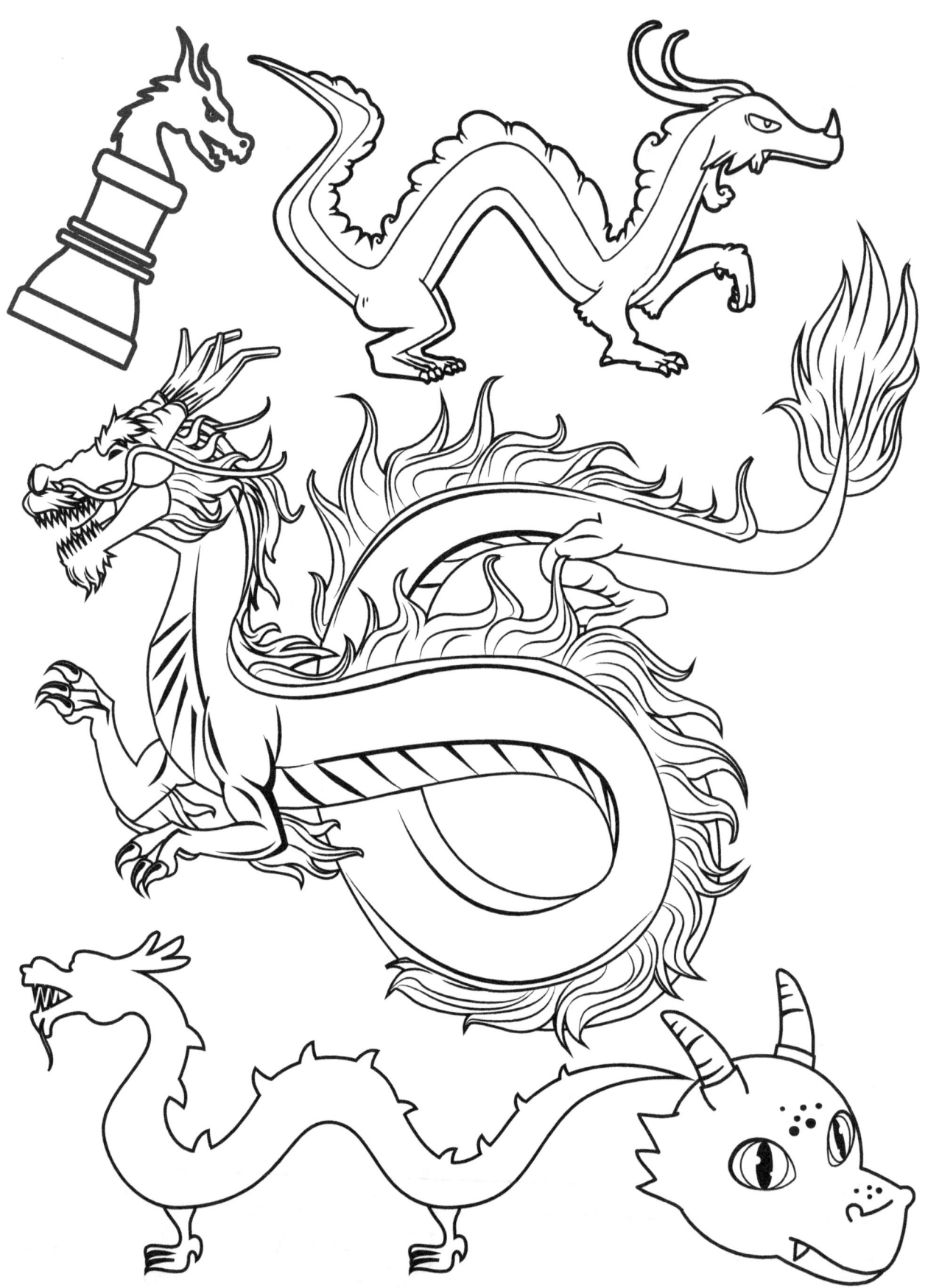

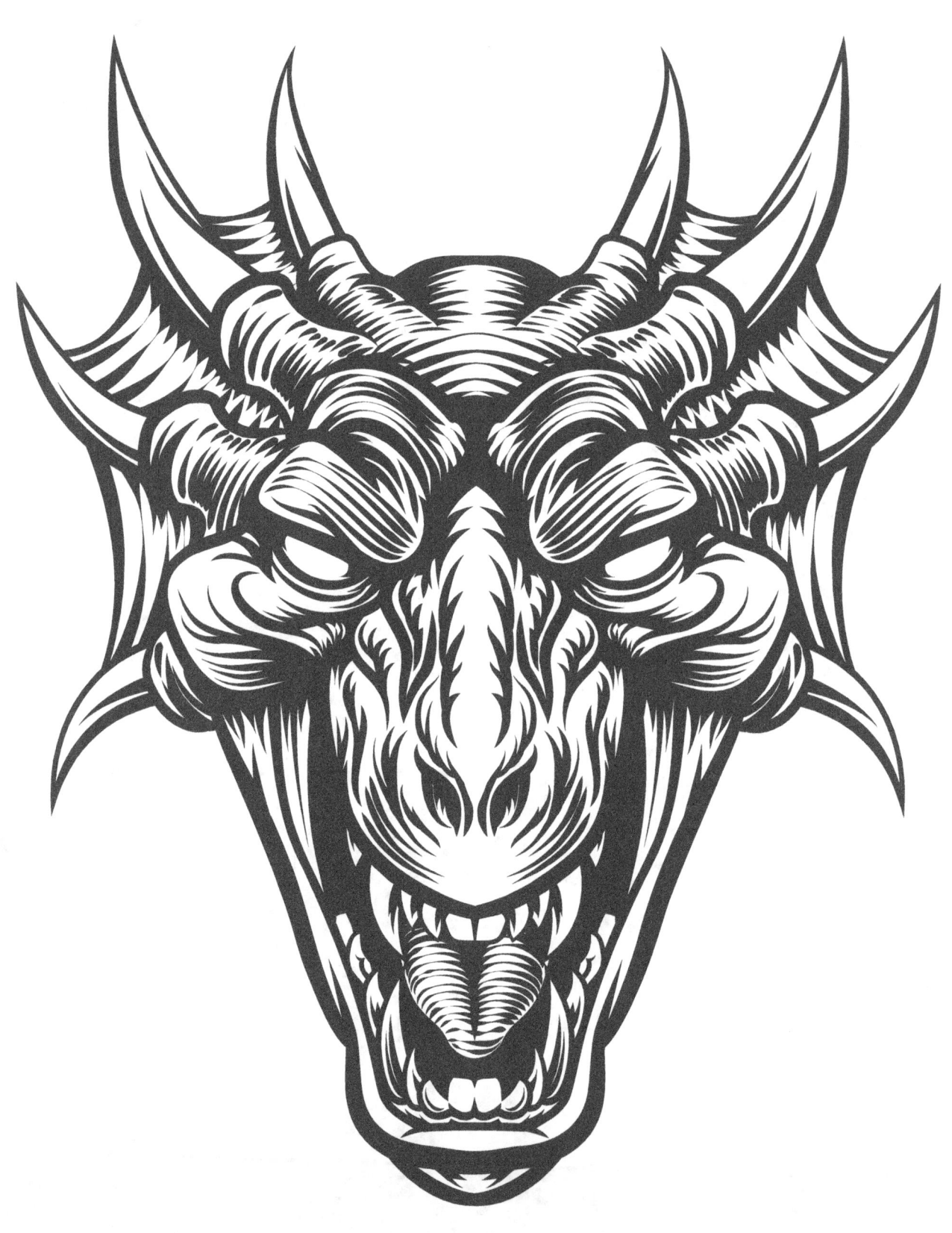

Japanese Coloring Book

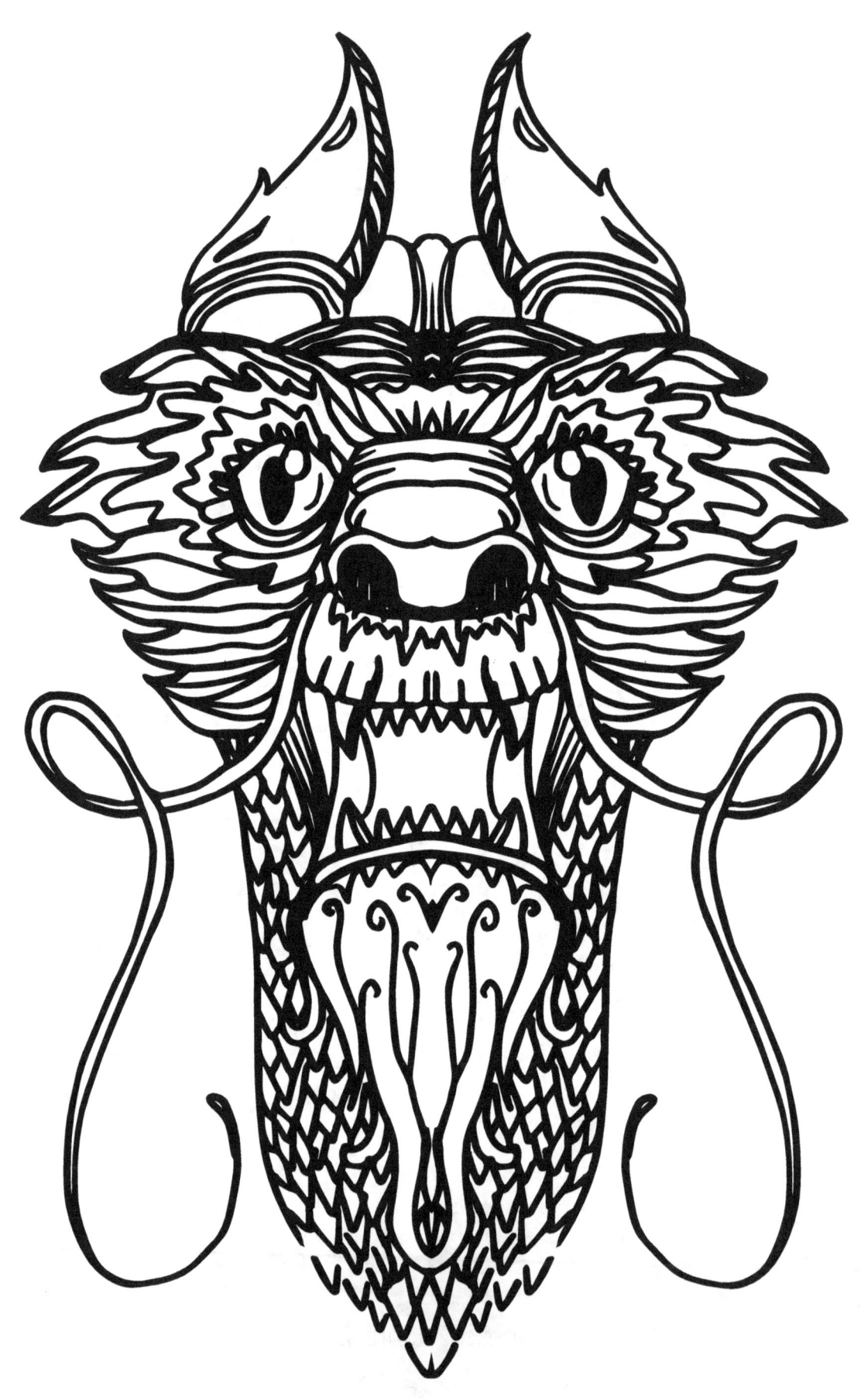

Japanese Coloring Book

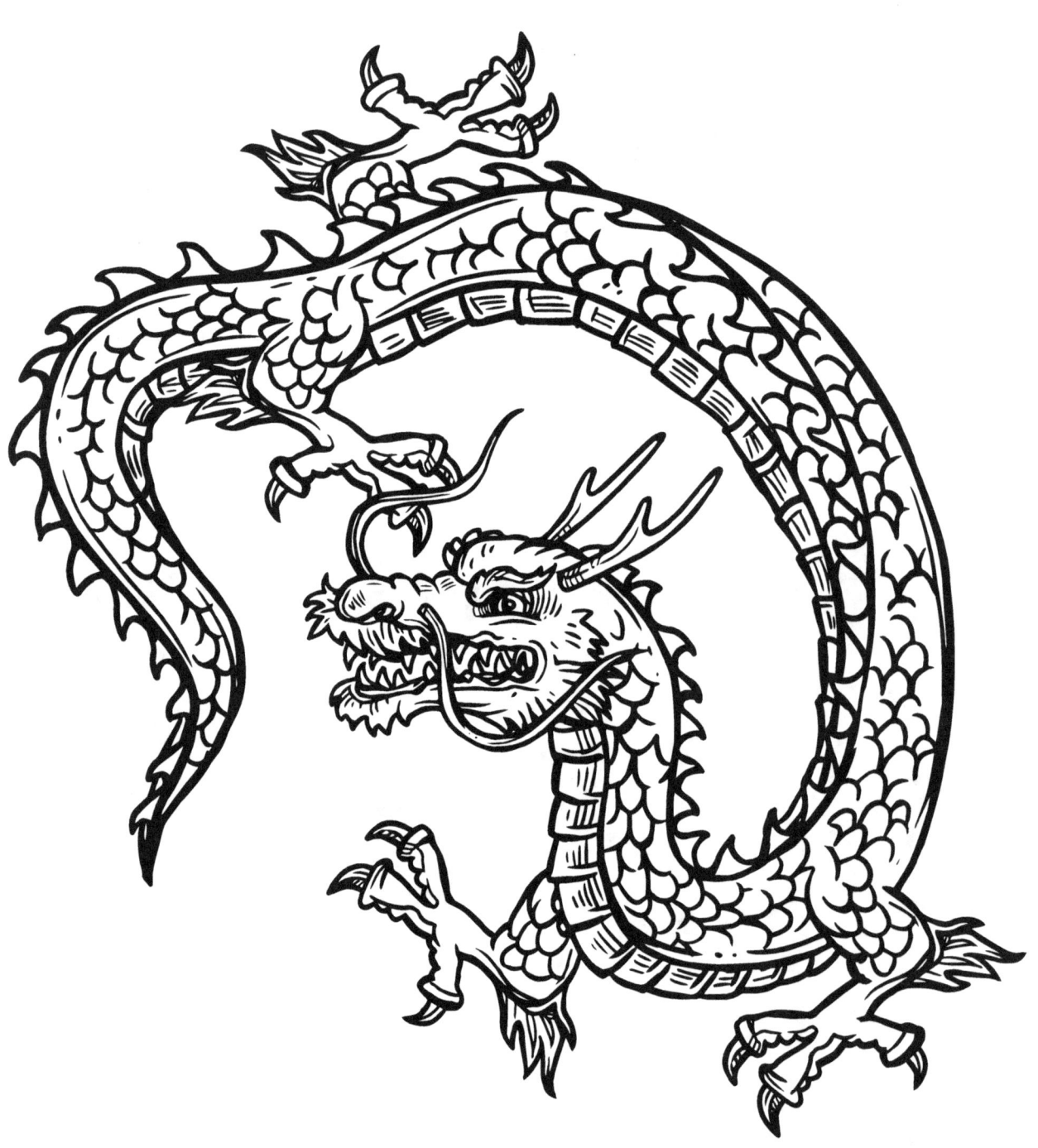

Japanese Coloring Book

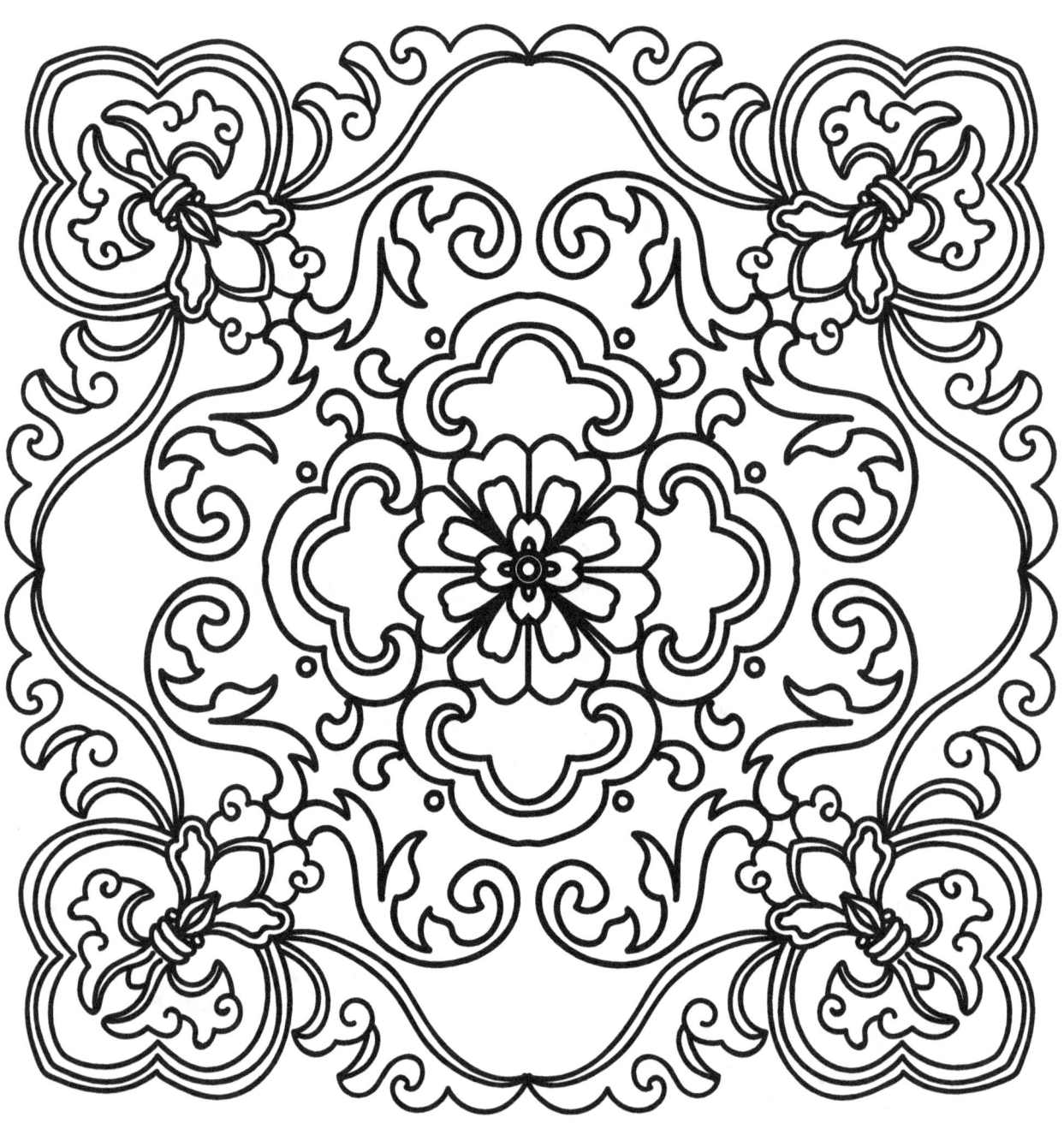

Japanese Coloring Book

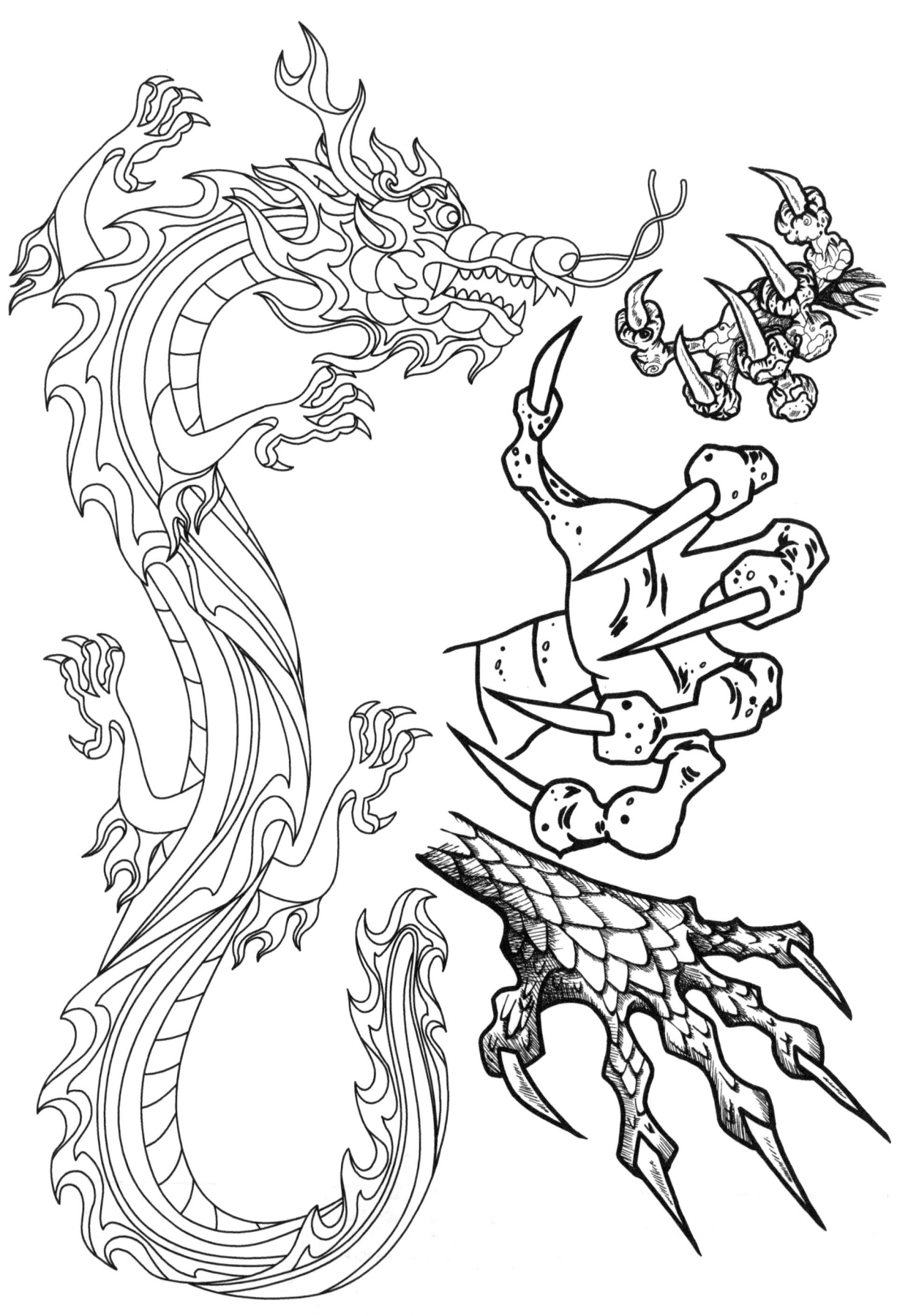

Japanese Coloring Book

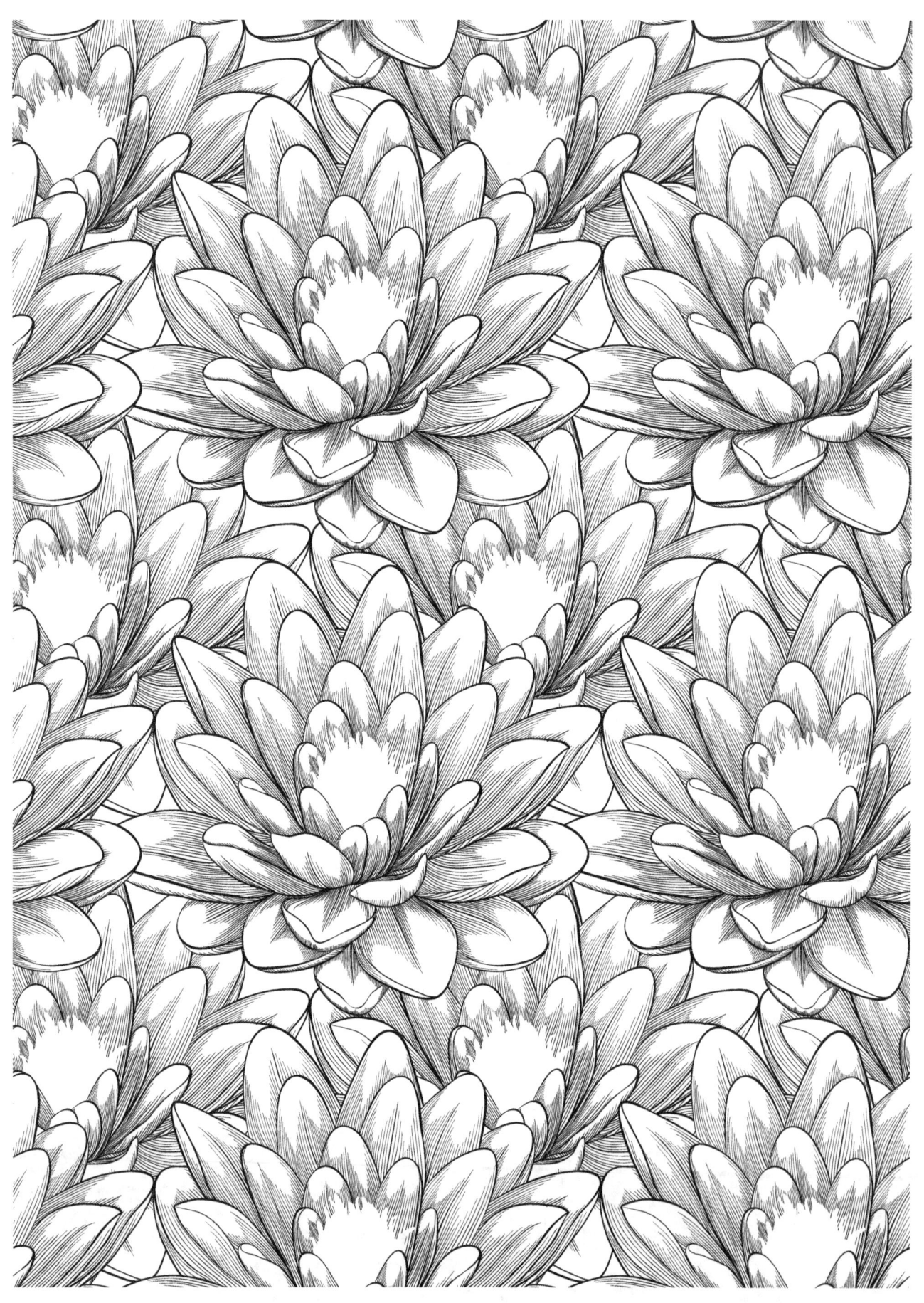

Japanese Coloring Book

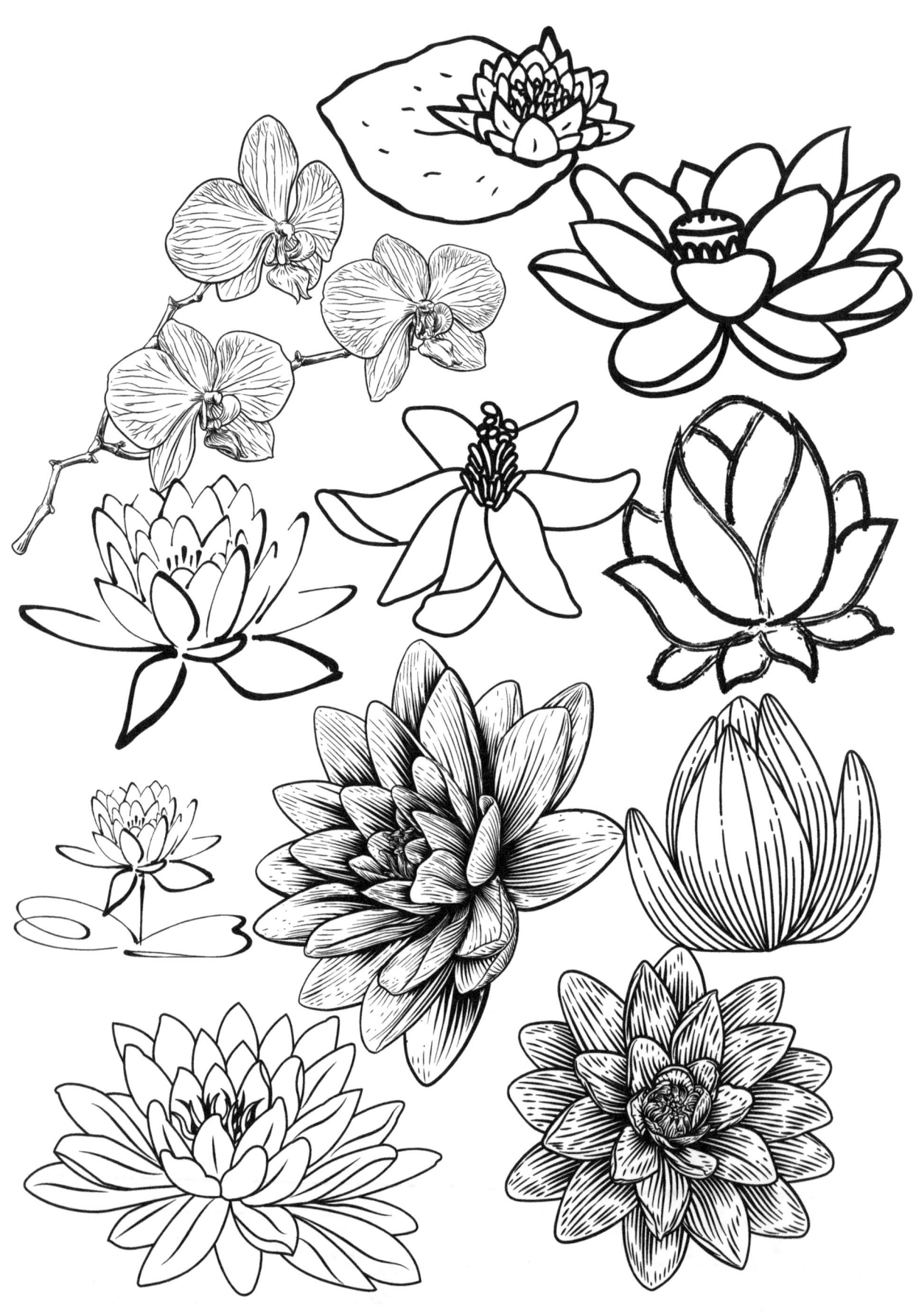

Japanese Coloring Book

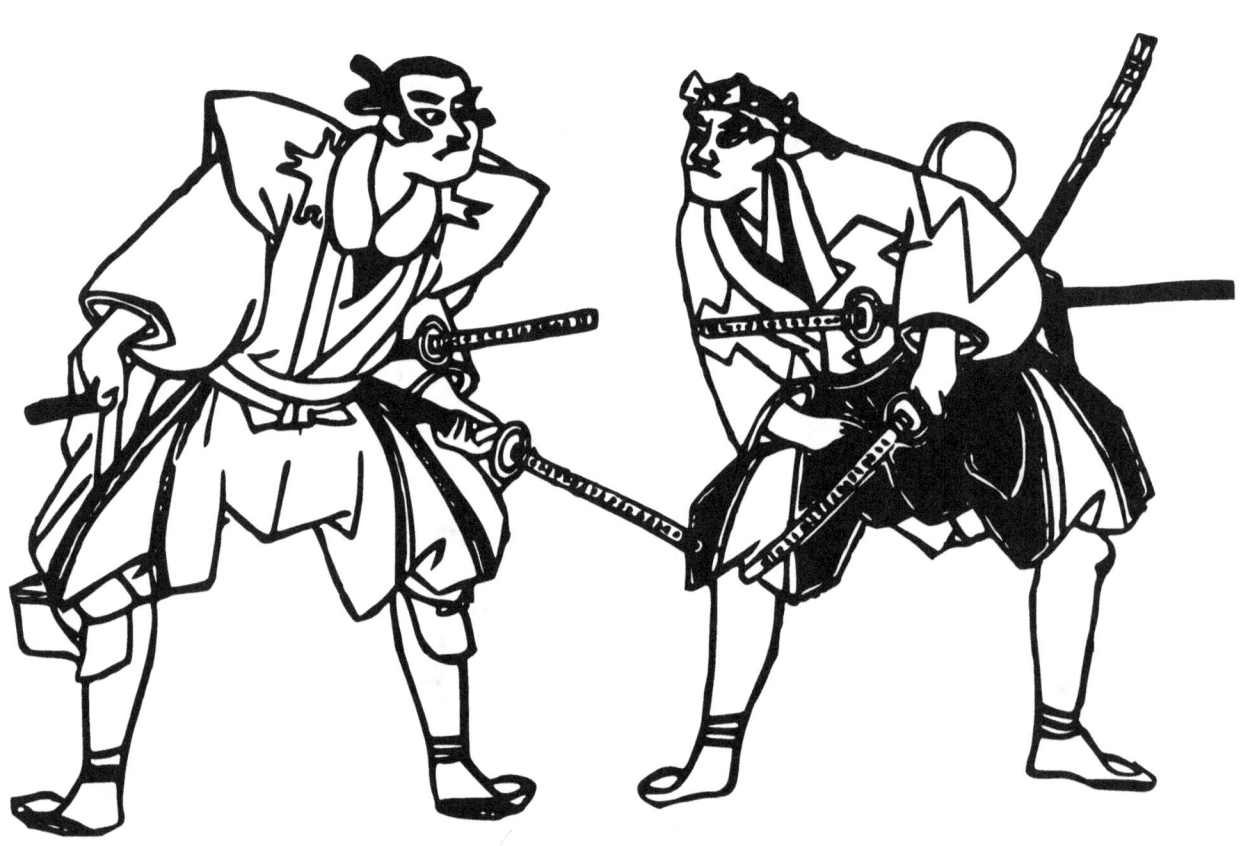

Japanese Coloring Book

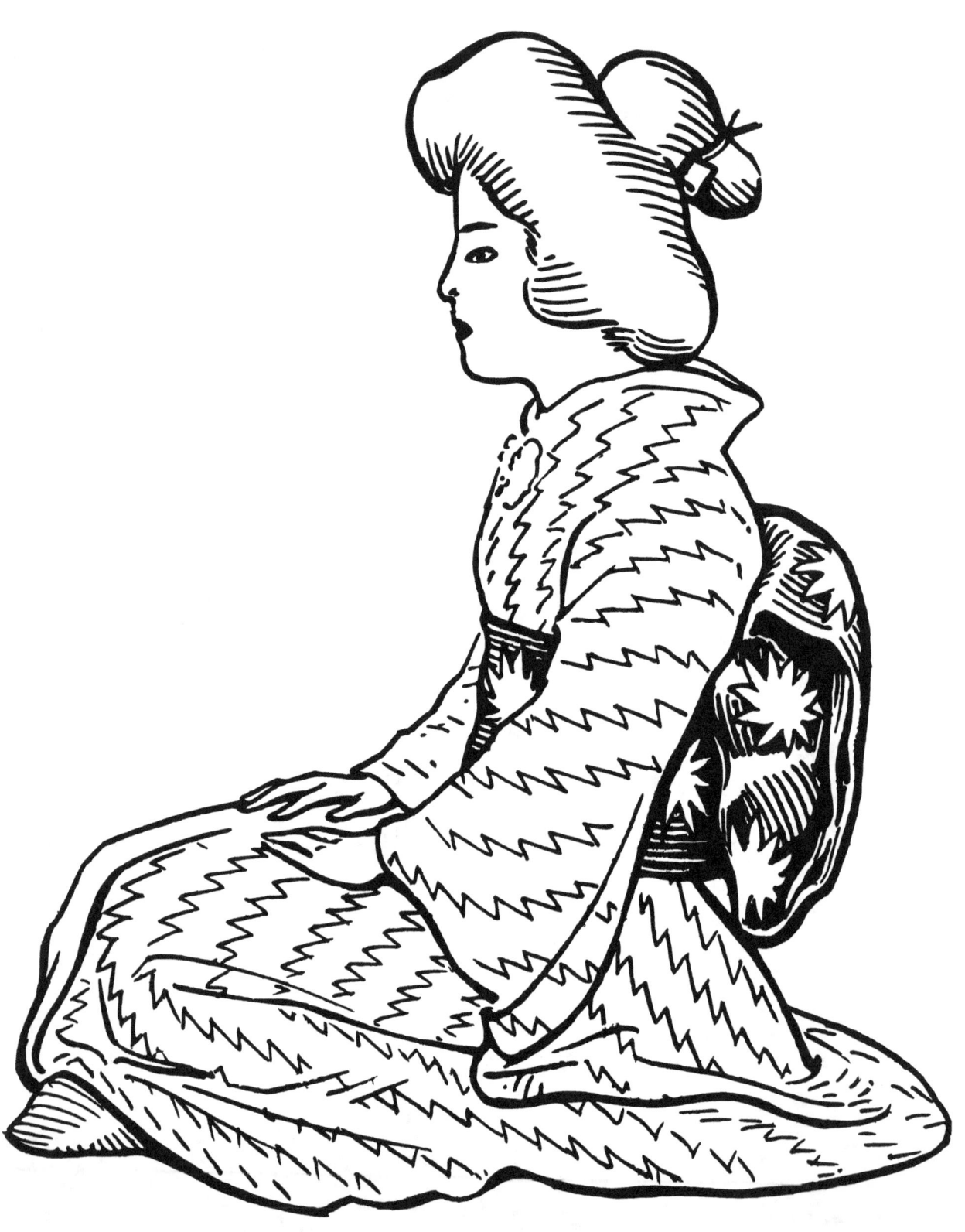

Japanese Coloring Book

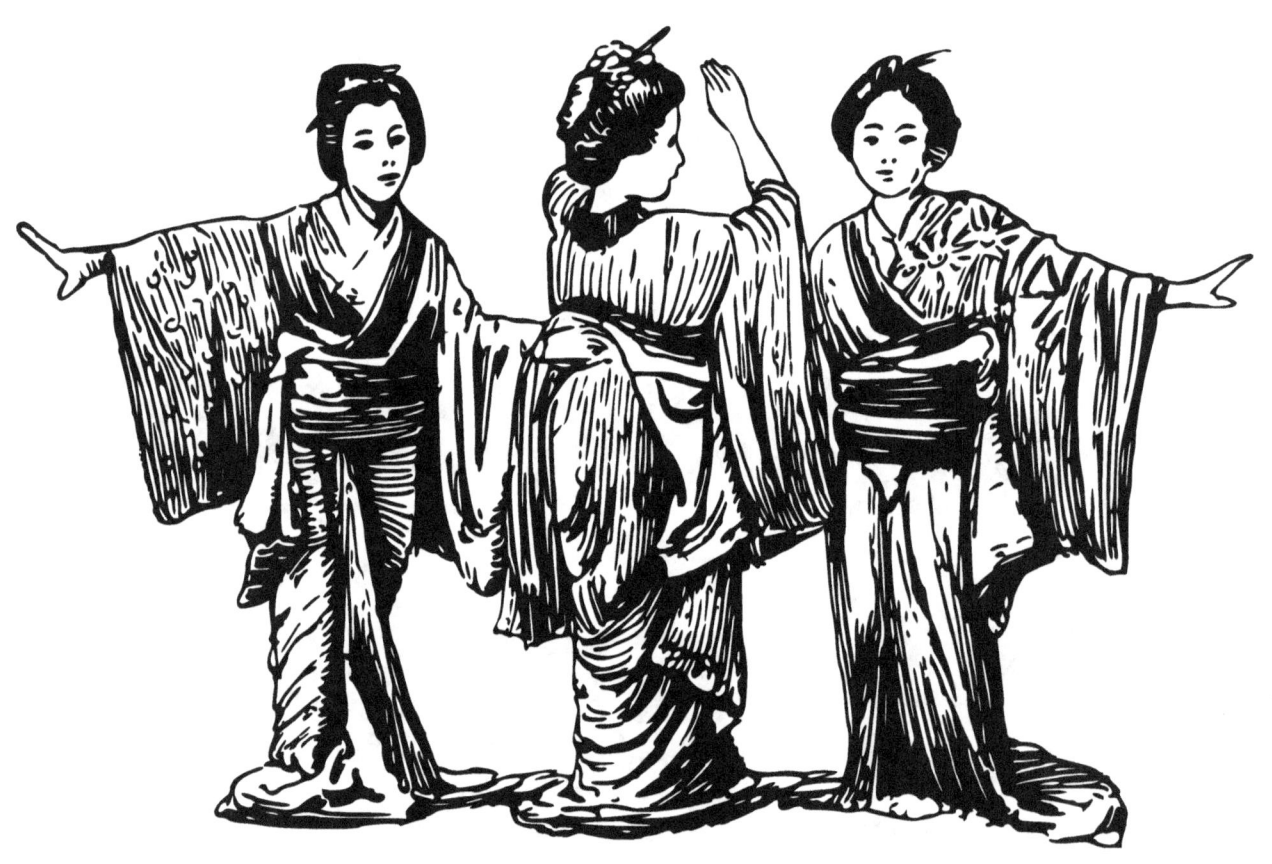

Japanese Coloring Book

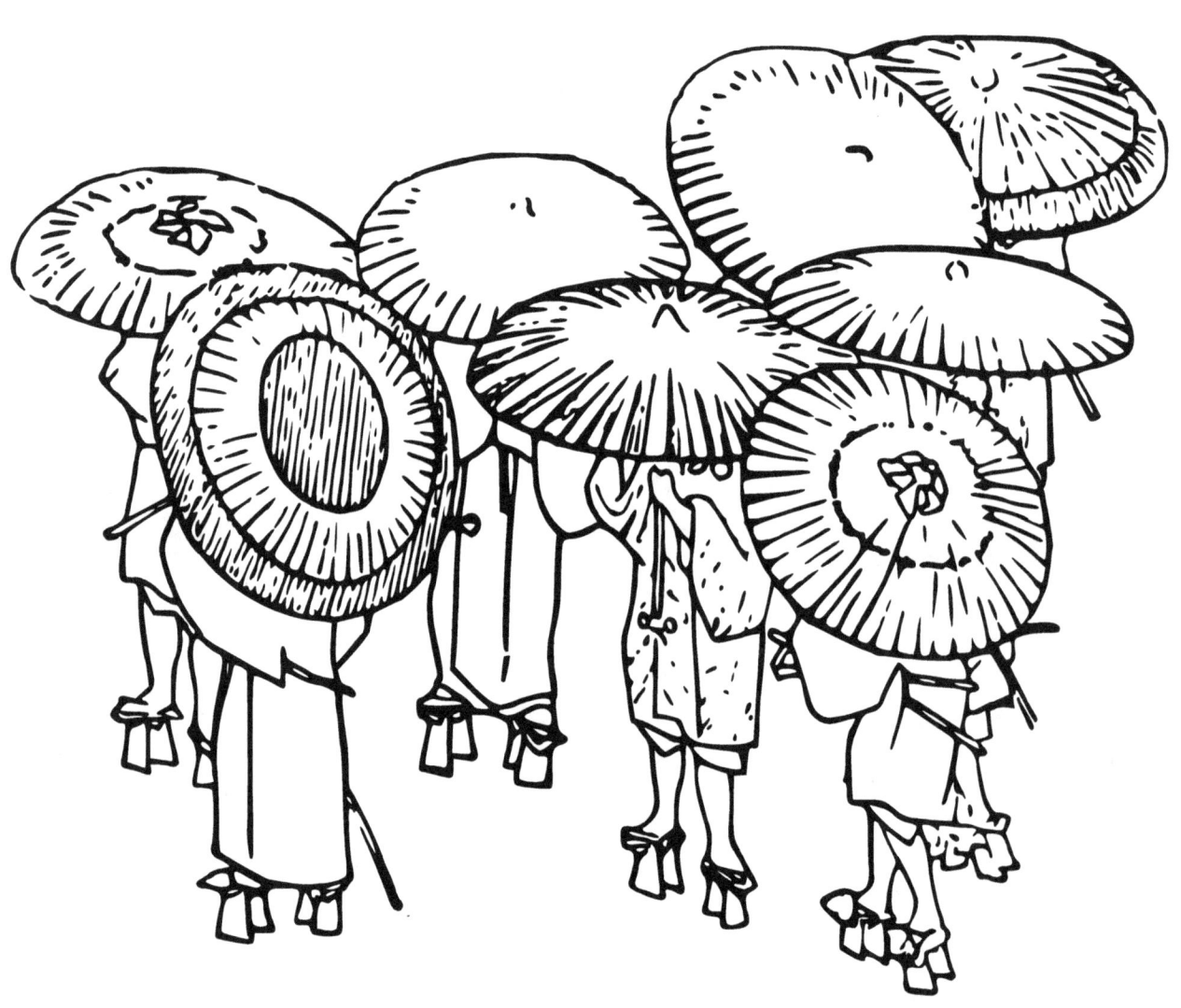

Japanese Coloring Book

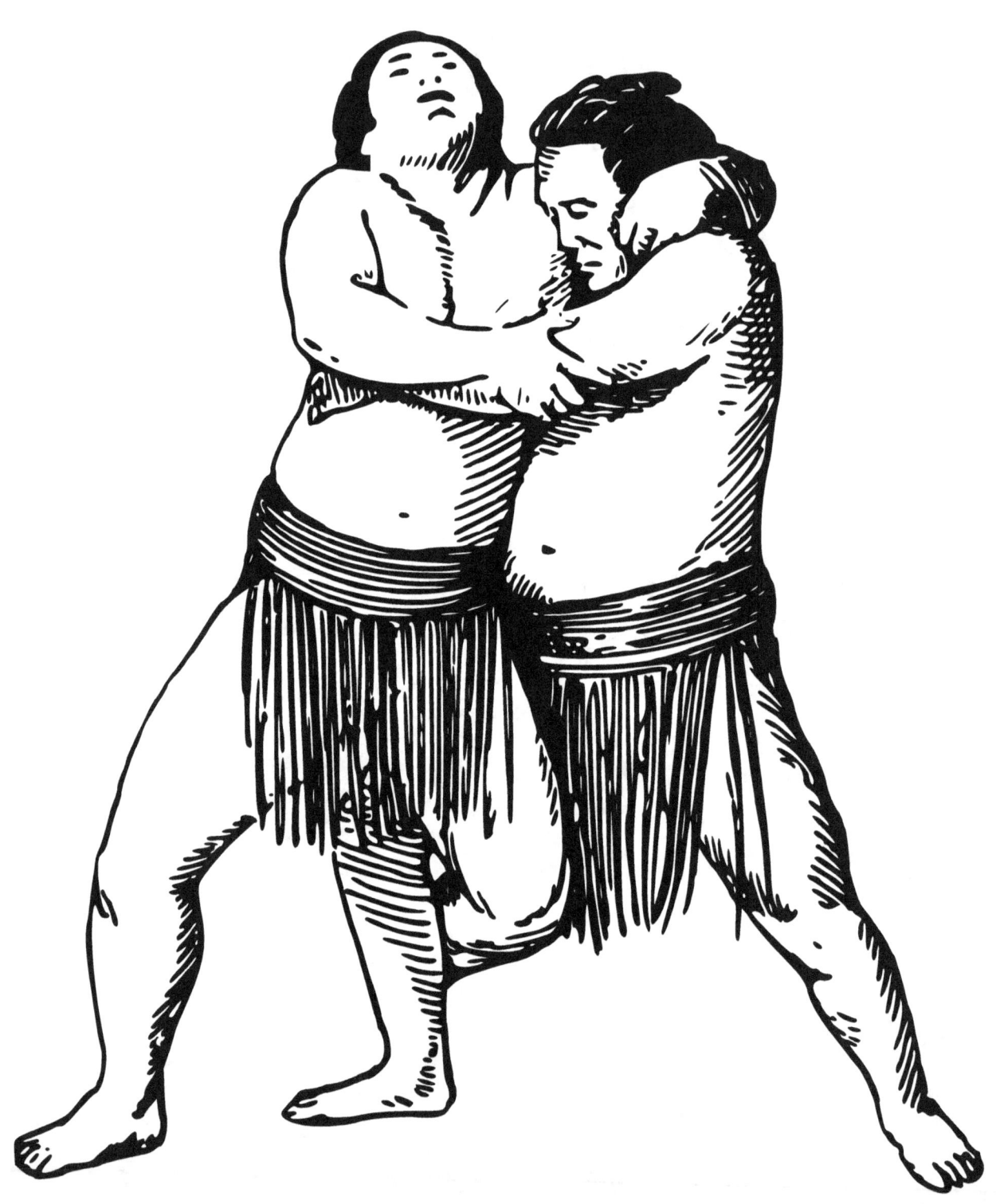

Japanese Coloring Book

う
ん
え
か
ネ

い
な
ち
あ
か

Japanese Coloring Book

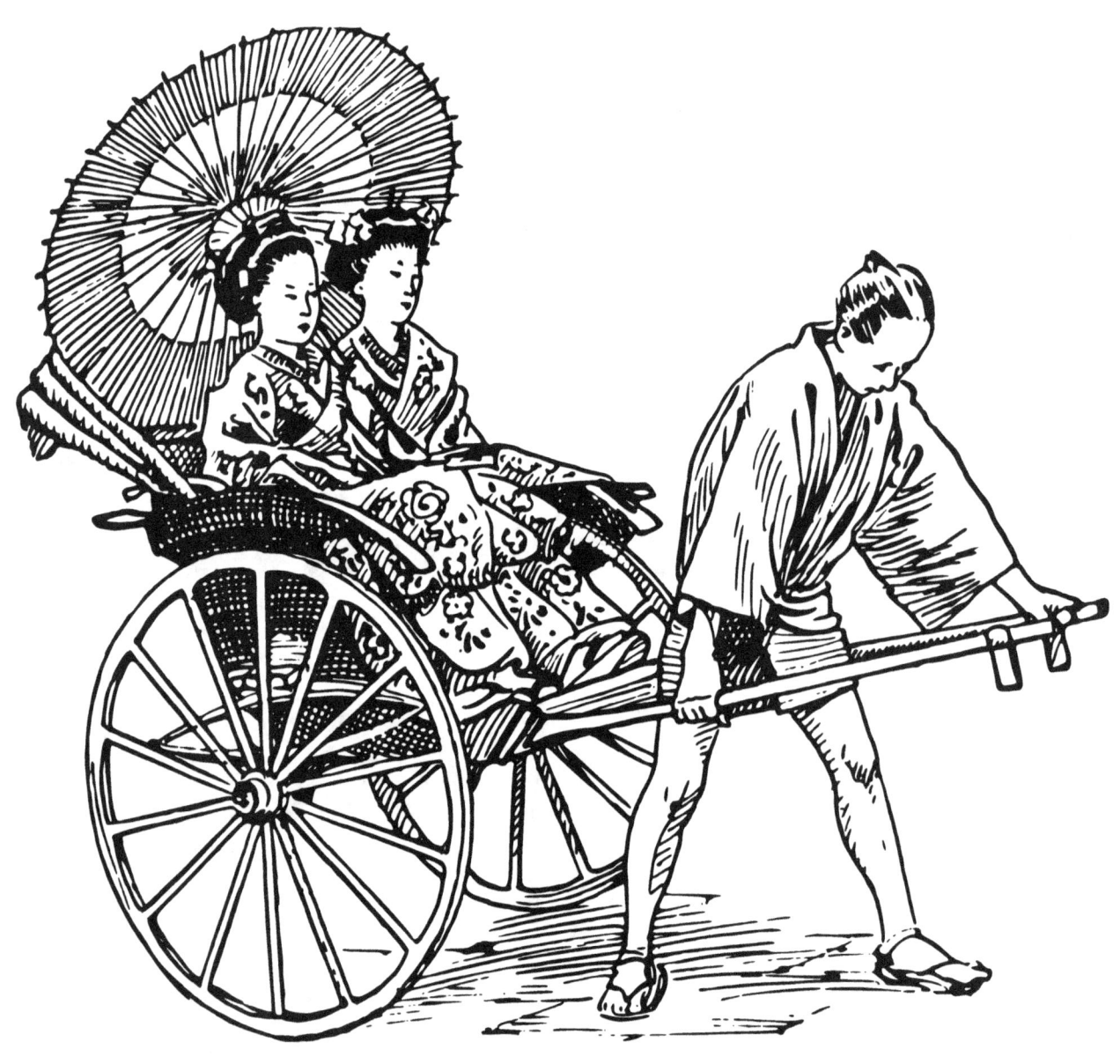

Japanese Coloring Book

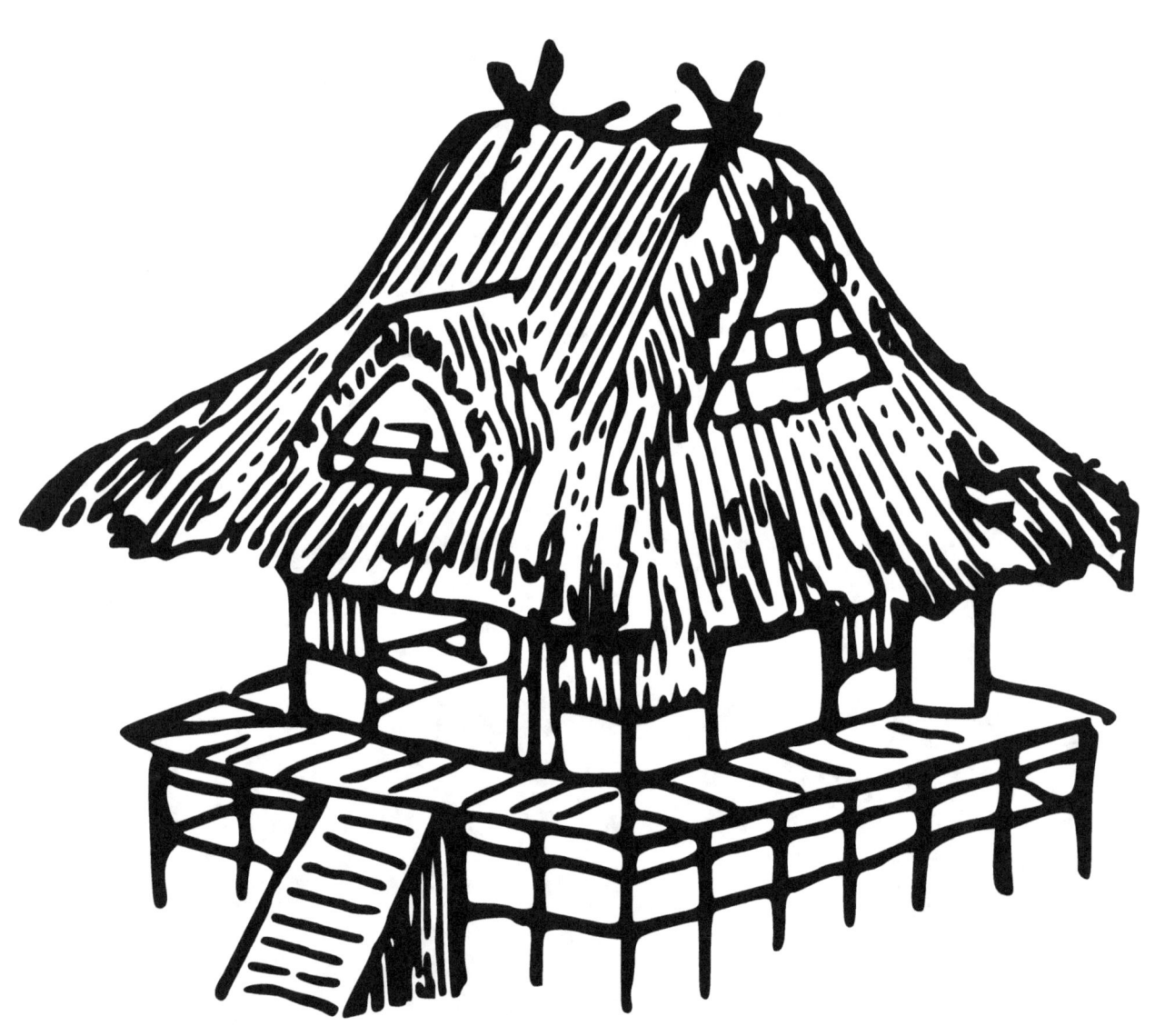

Japanese Coloring Book

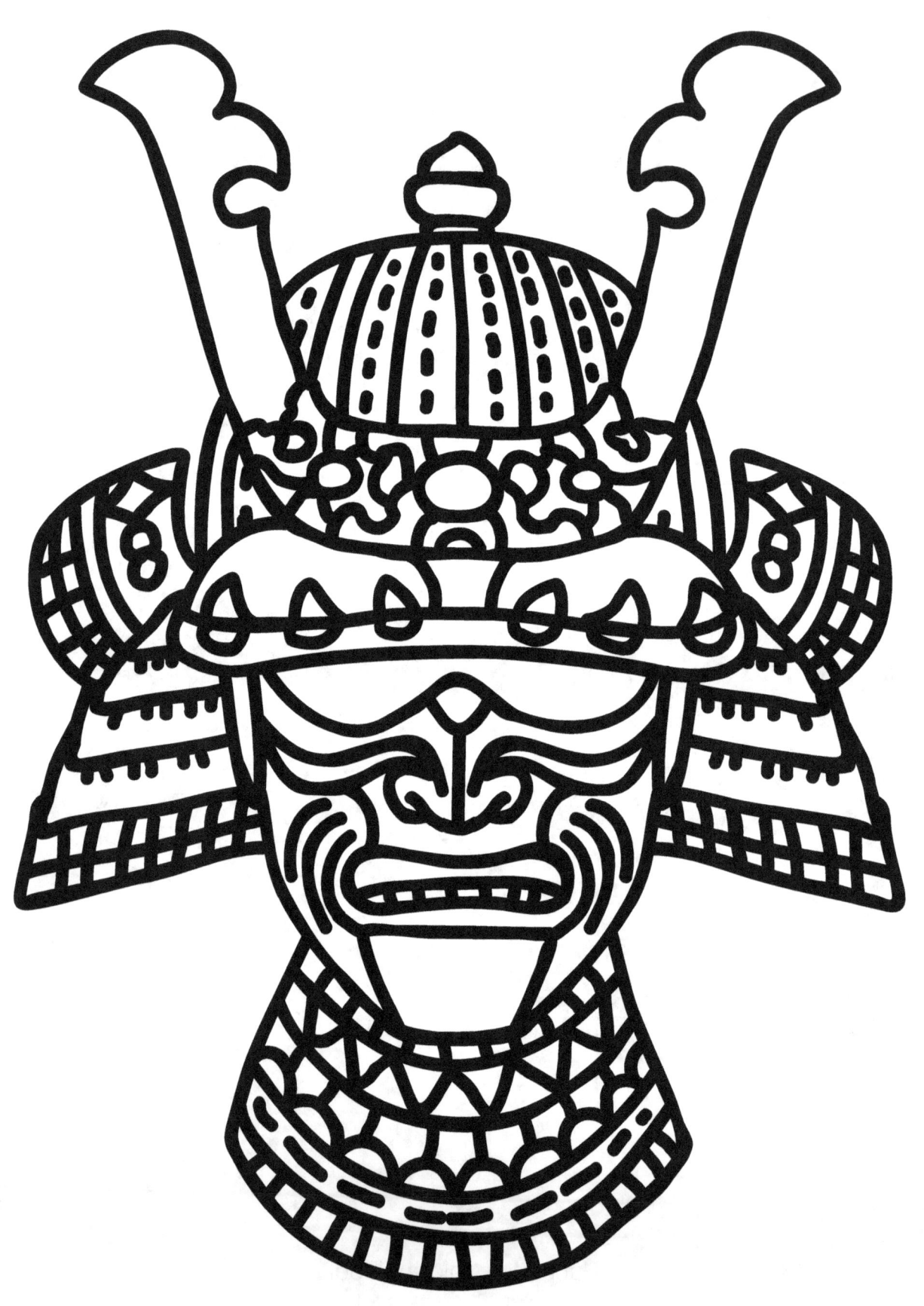

Japanese Coloring Book

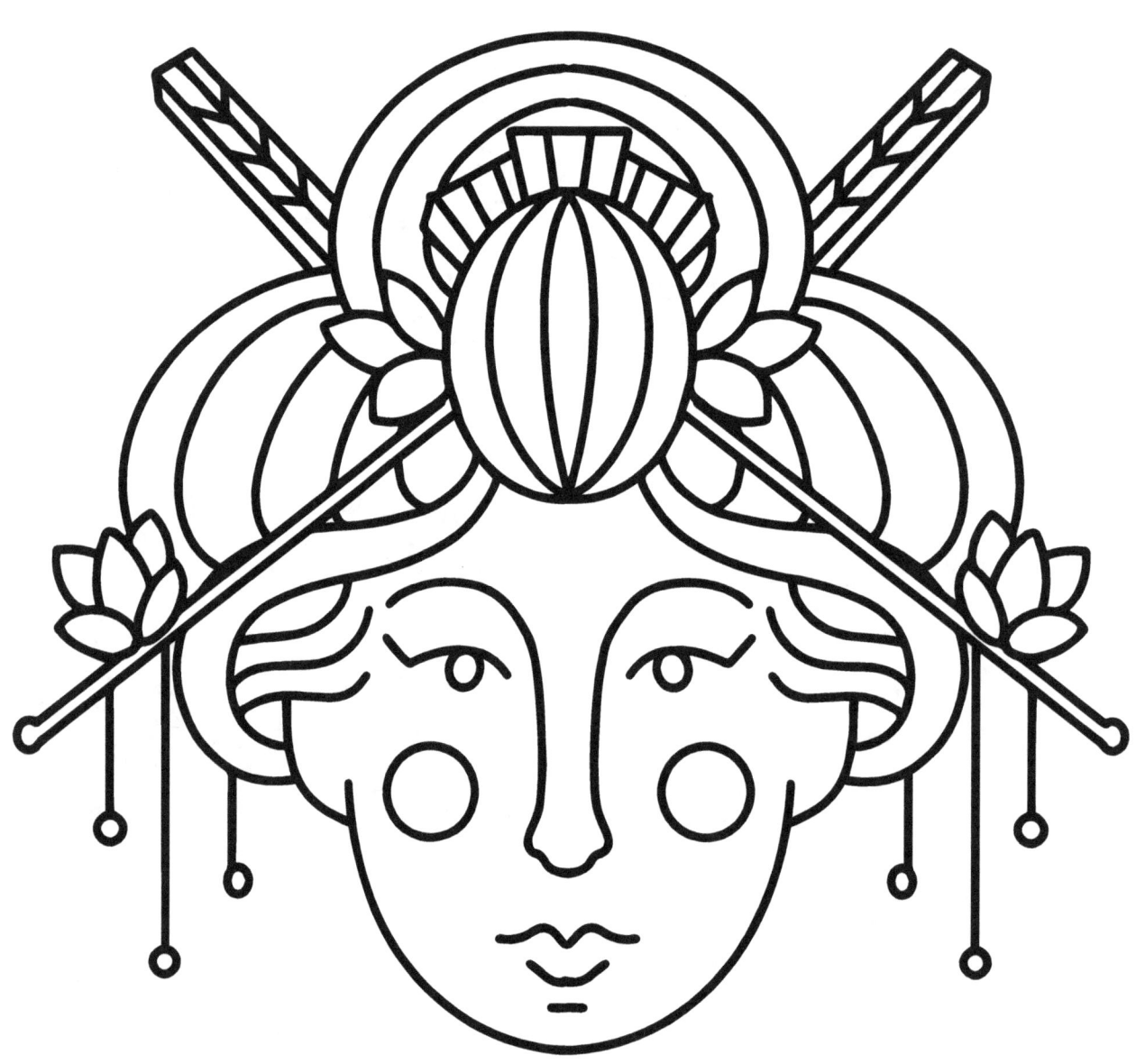

Japanese Coloring Book

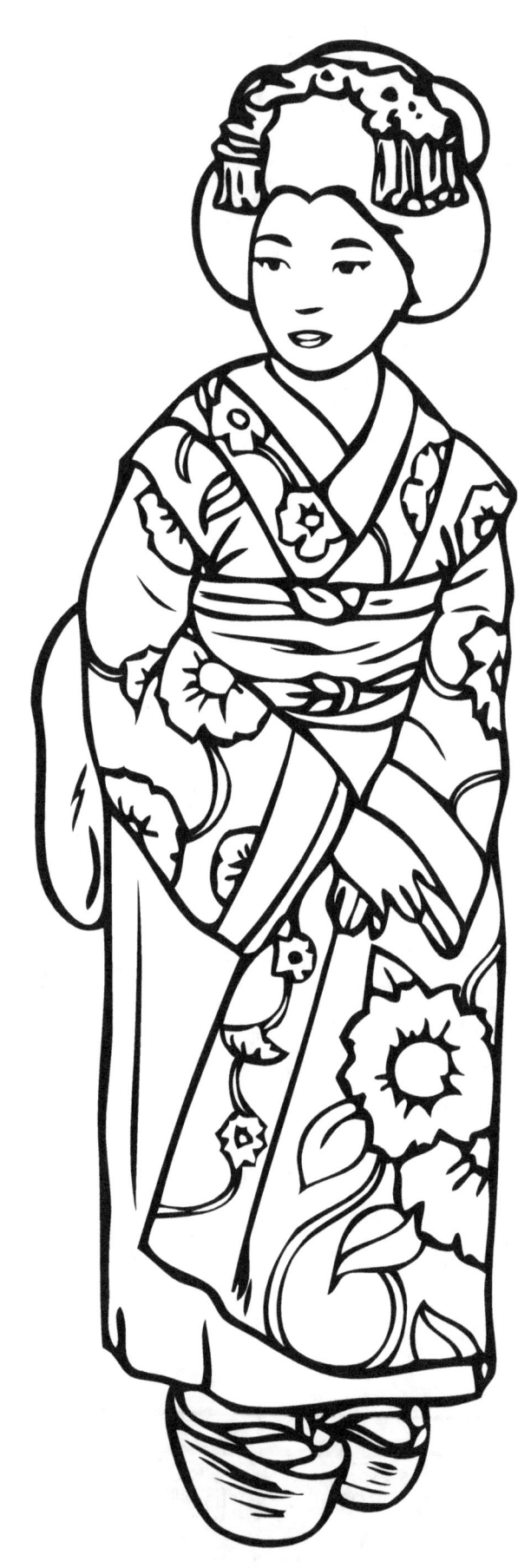

Japanese Coloring Book

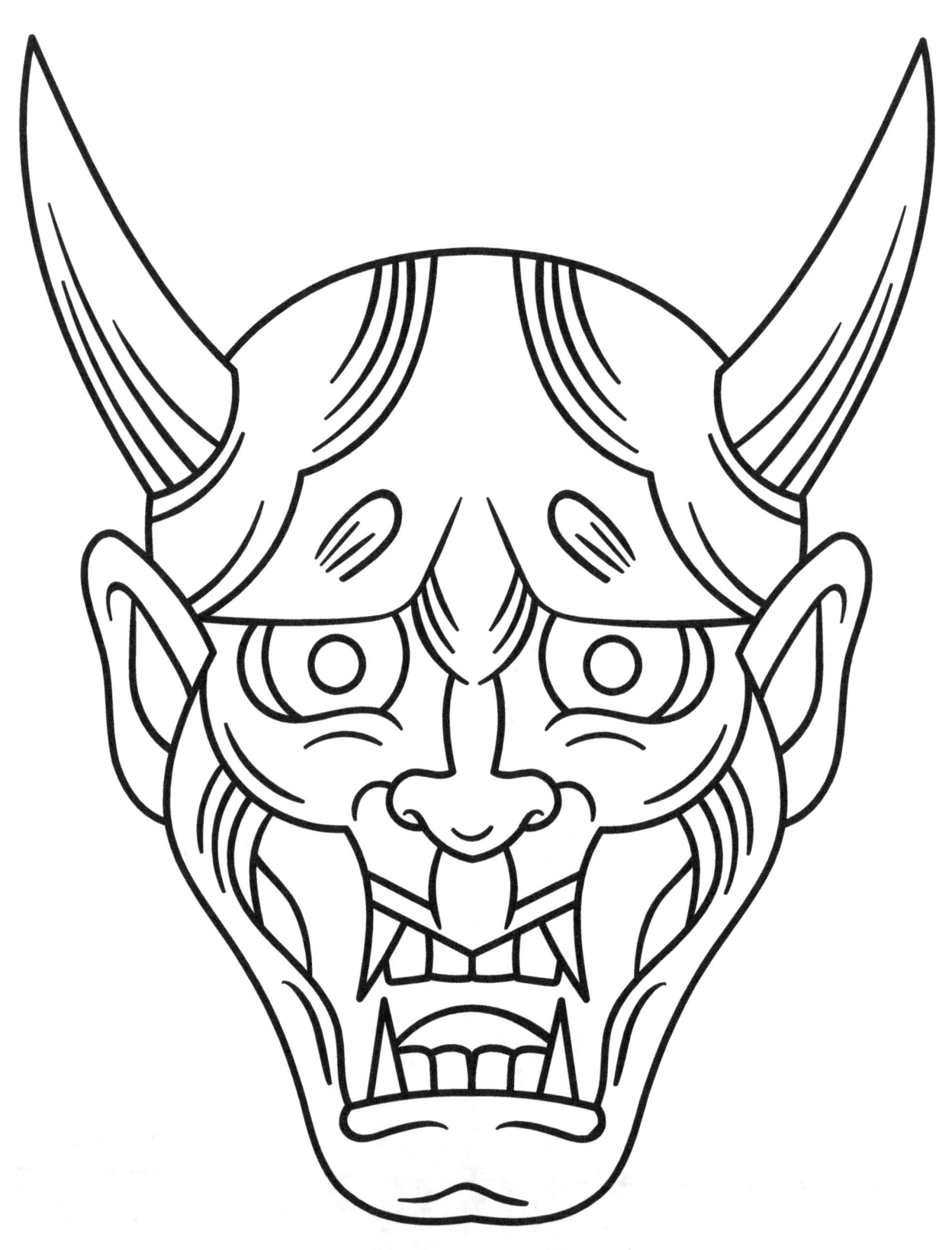

Japanese Coloring Book

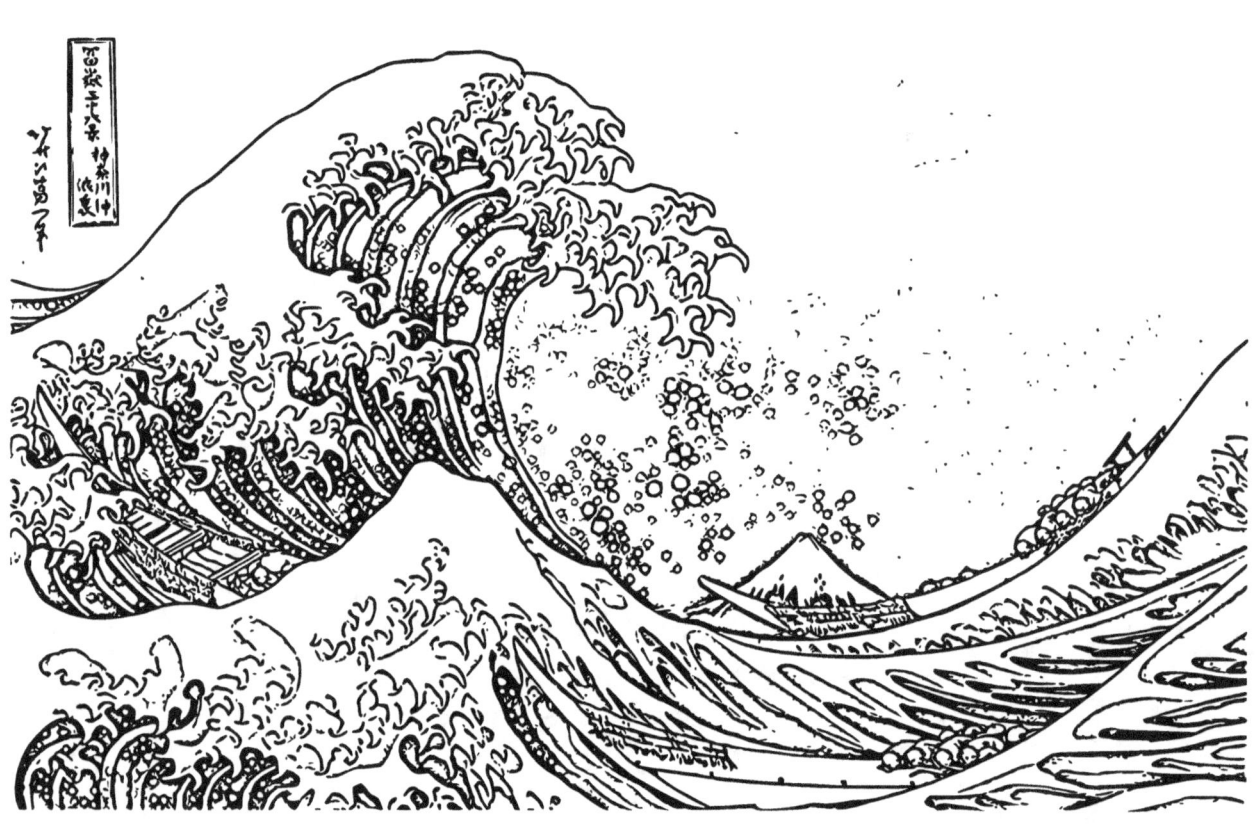

Japanese Coloring Book

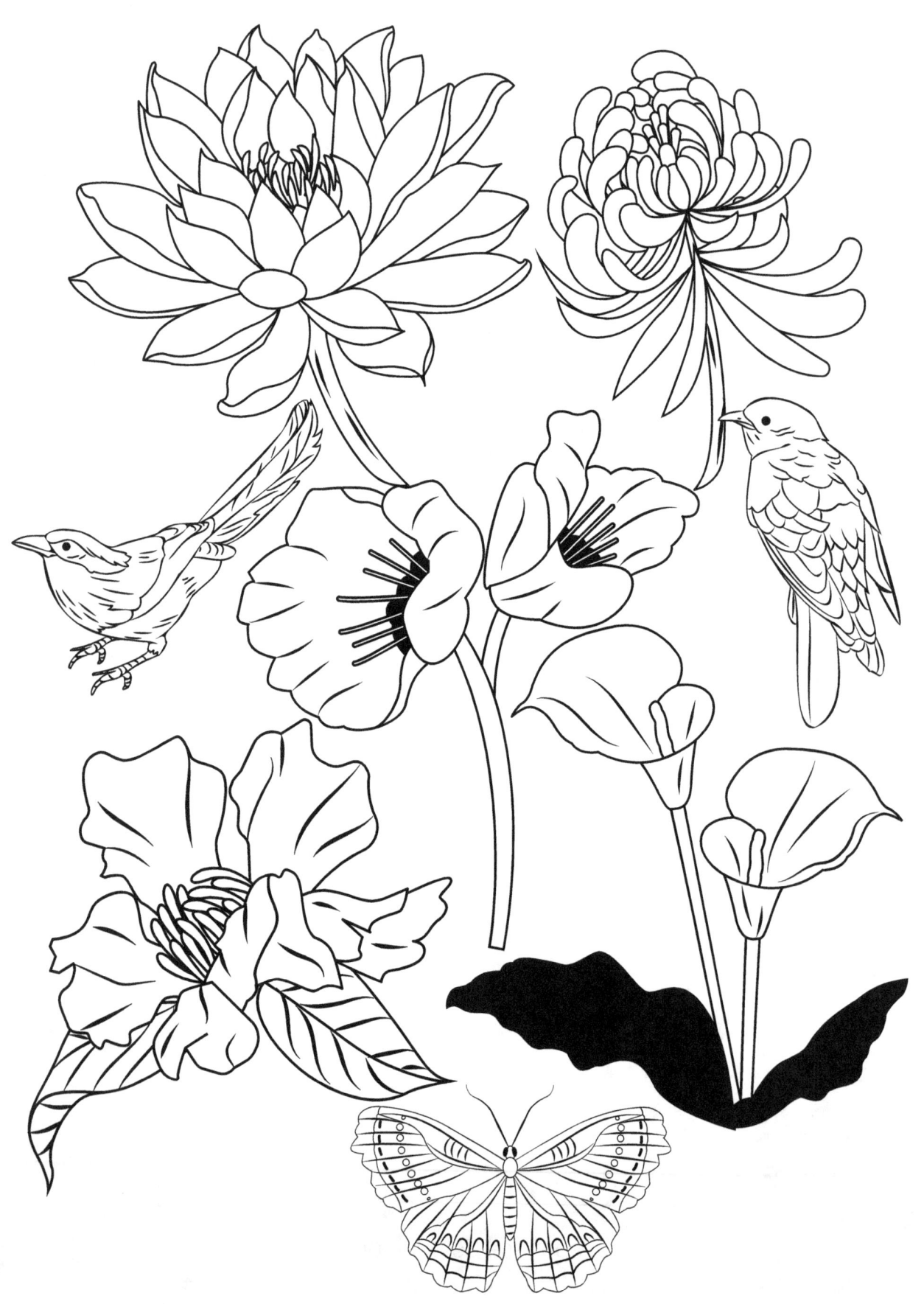

Japanese Coloring Book

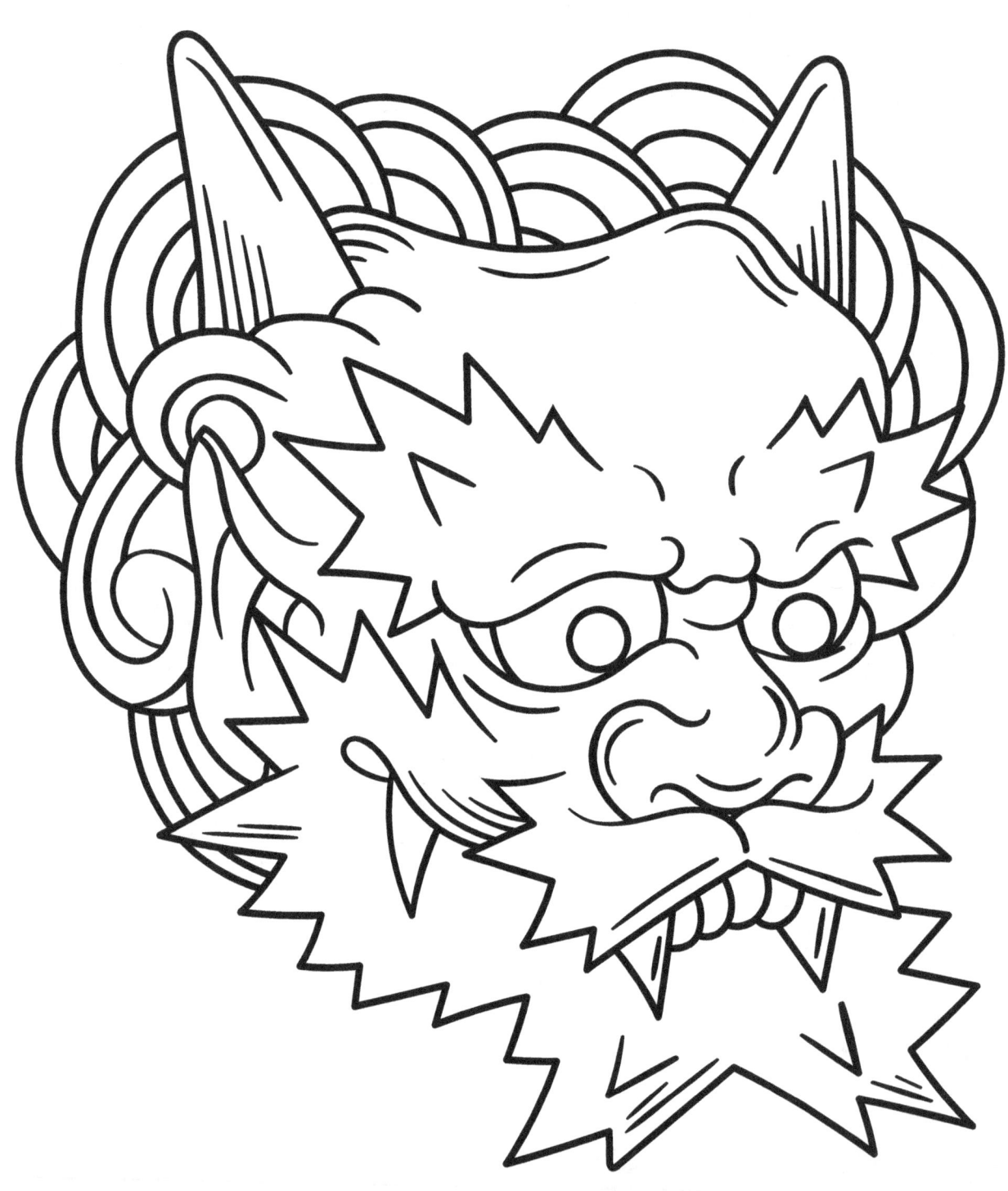

Japanese Coloring Book

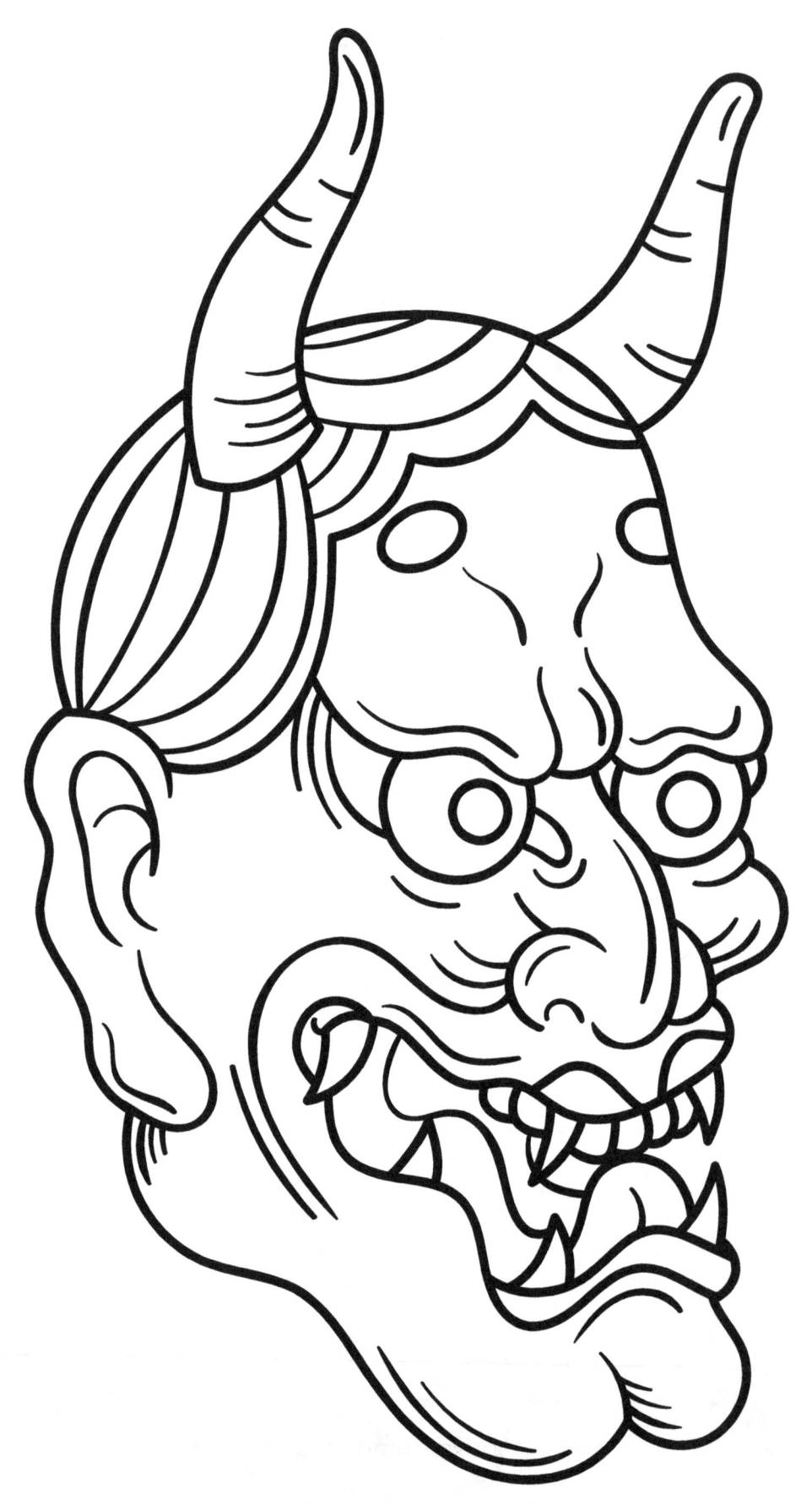

Japanese Coloring Book

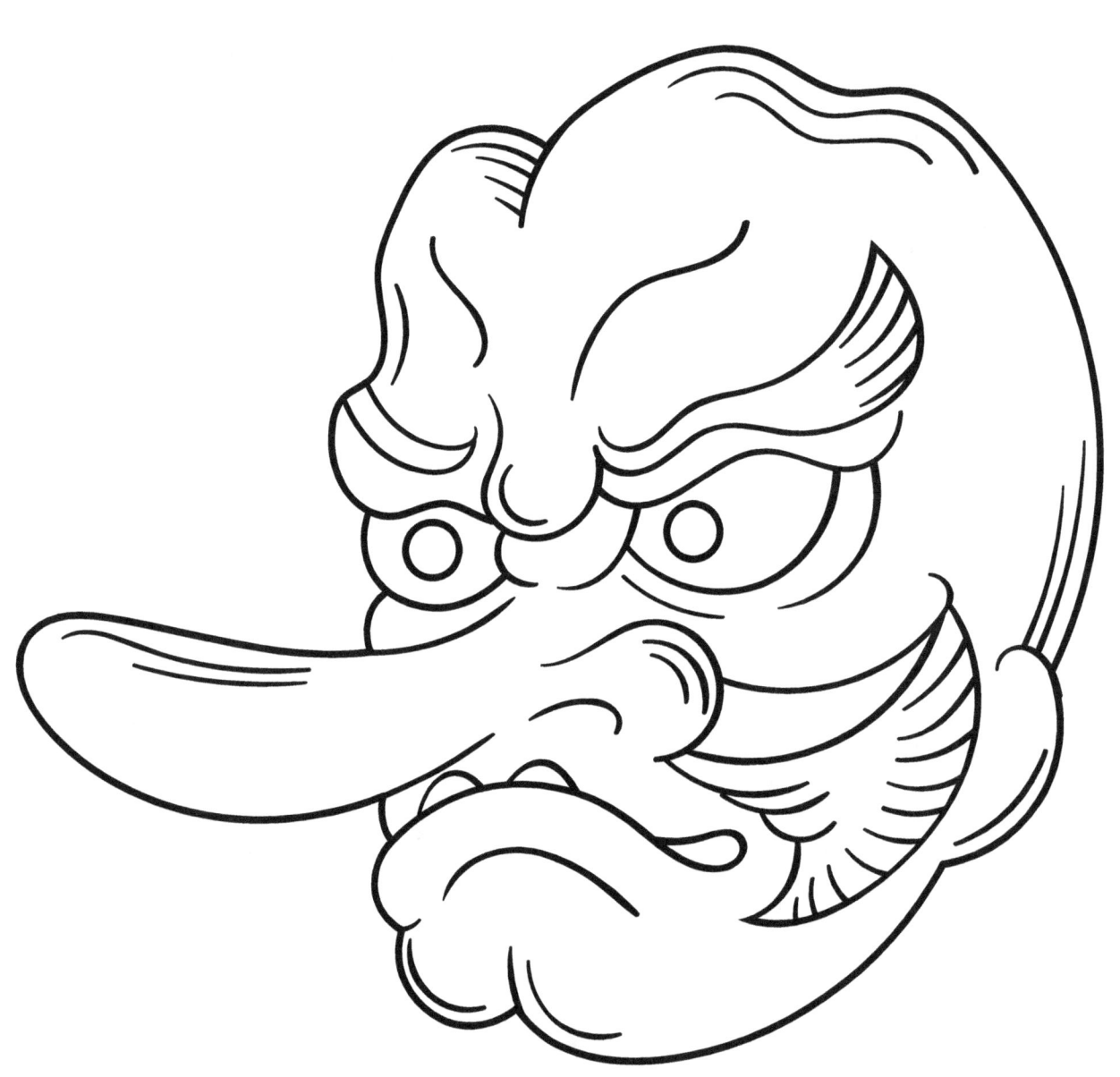

Japanese Coloring Book

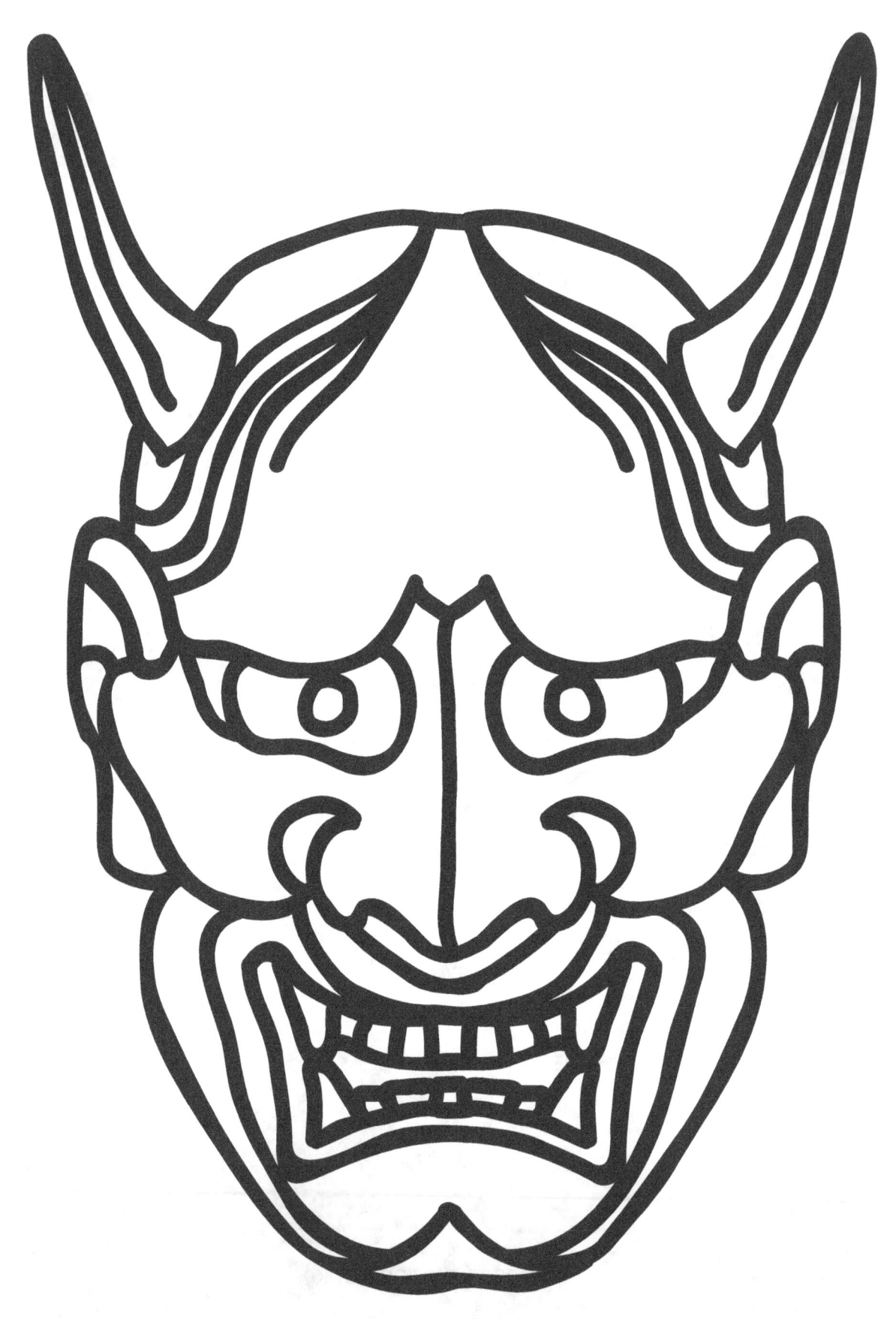

Japanese Coloring Book

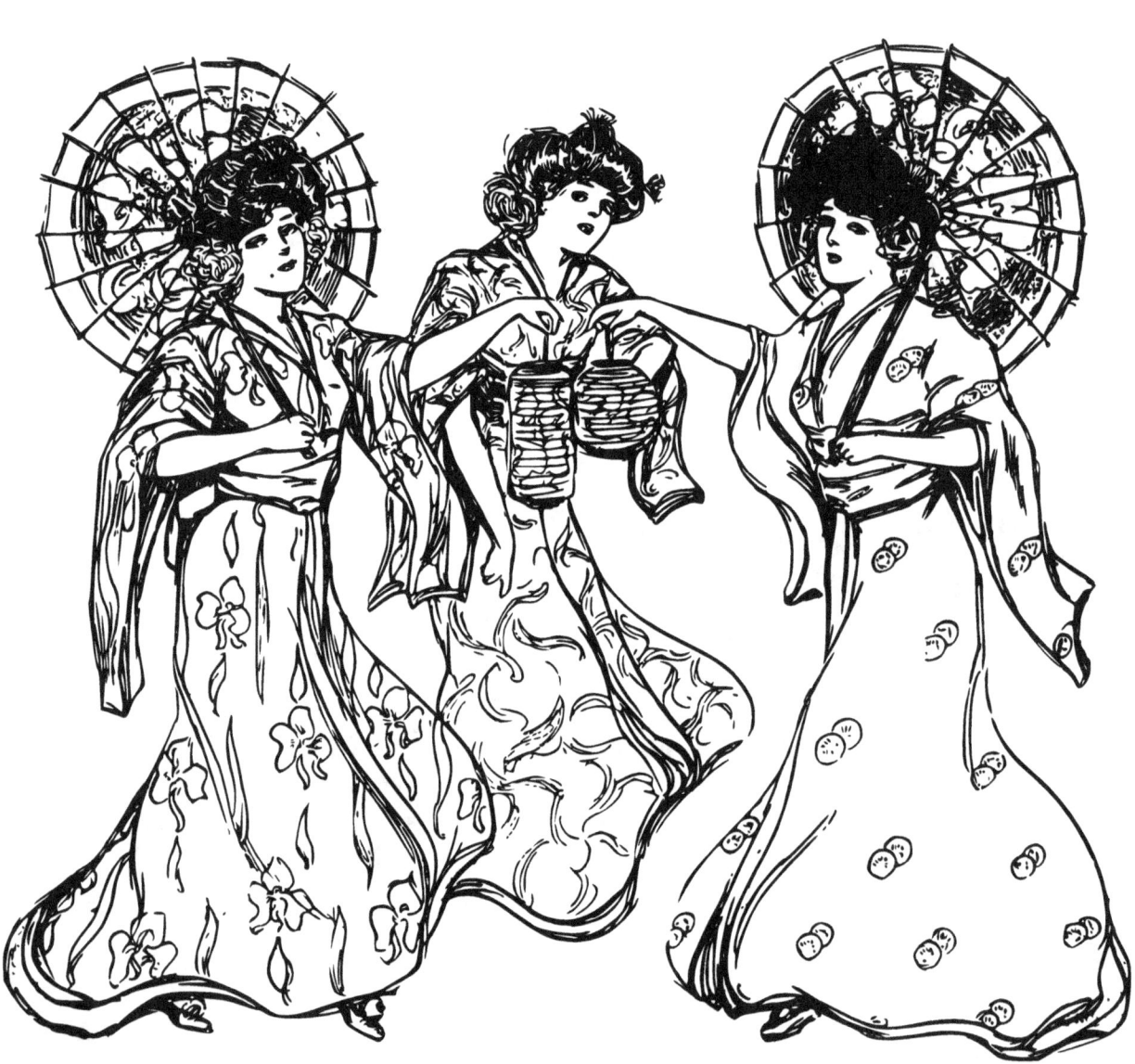

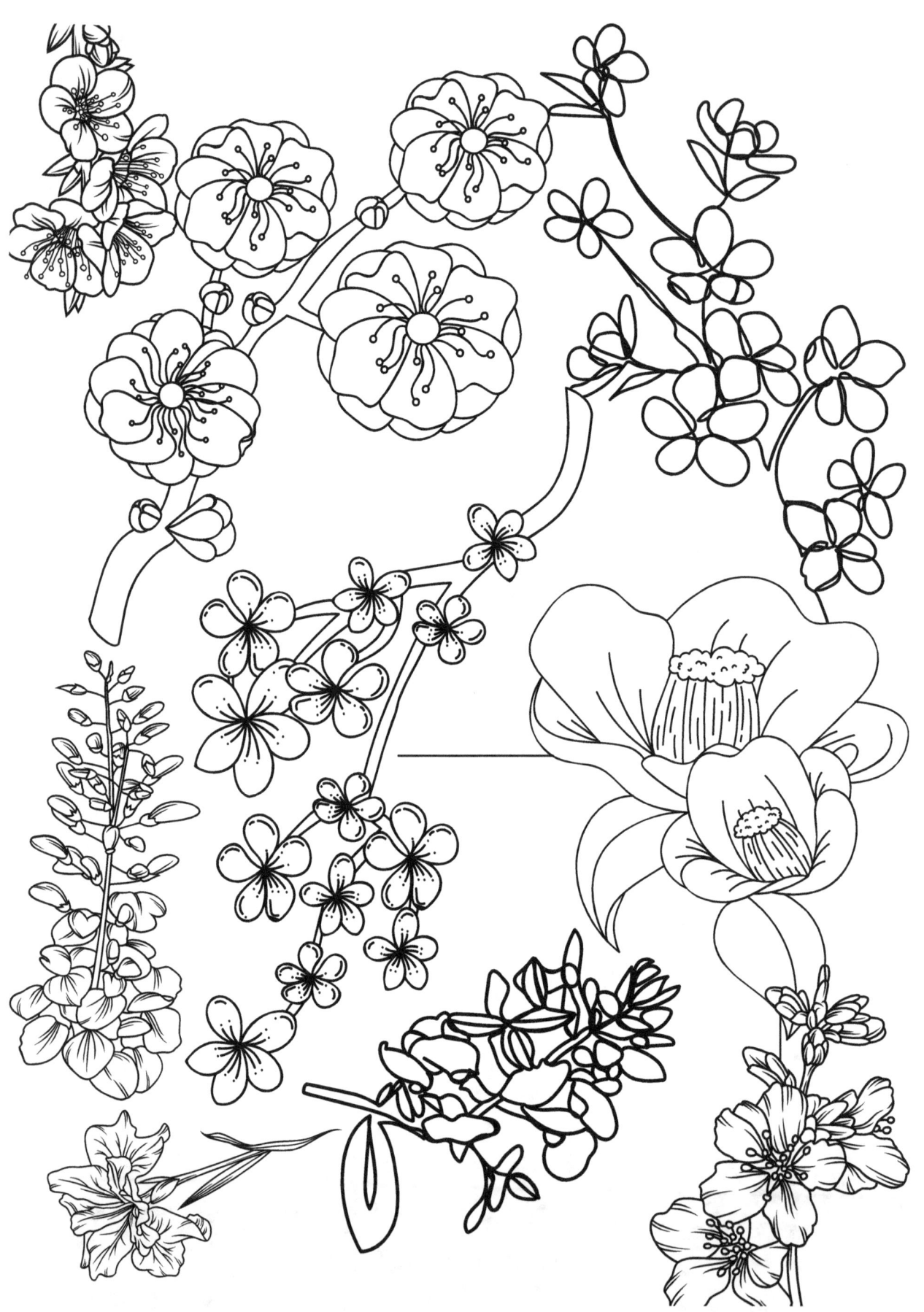

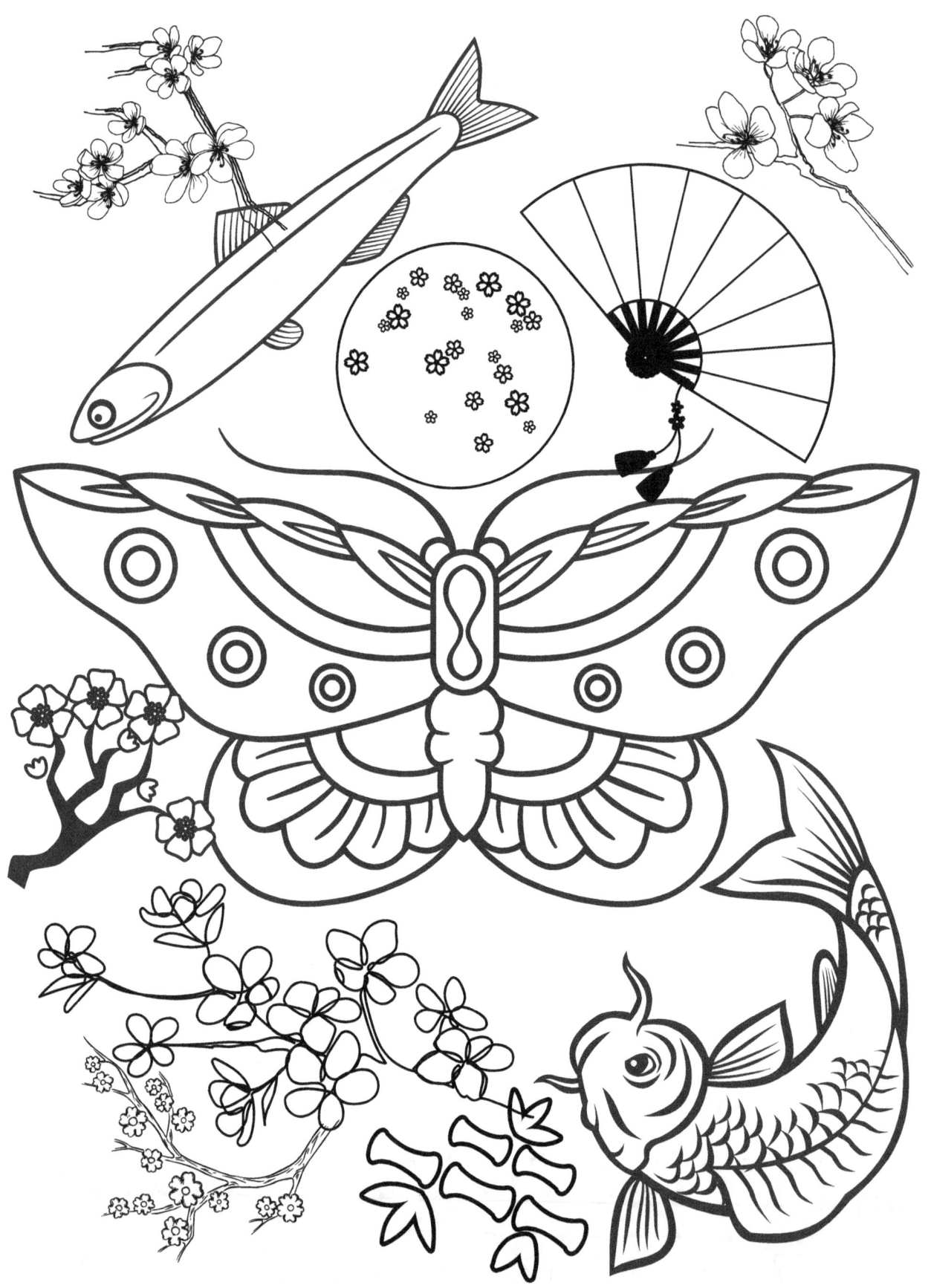

Japanese Coloring Book

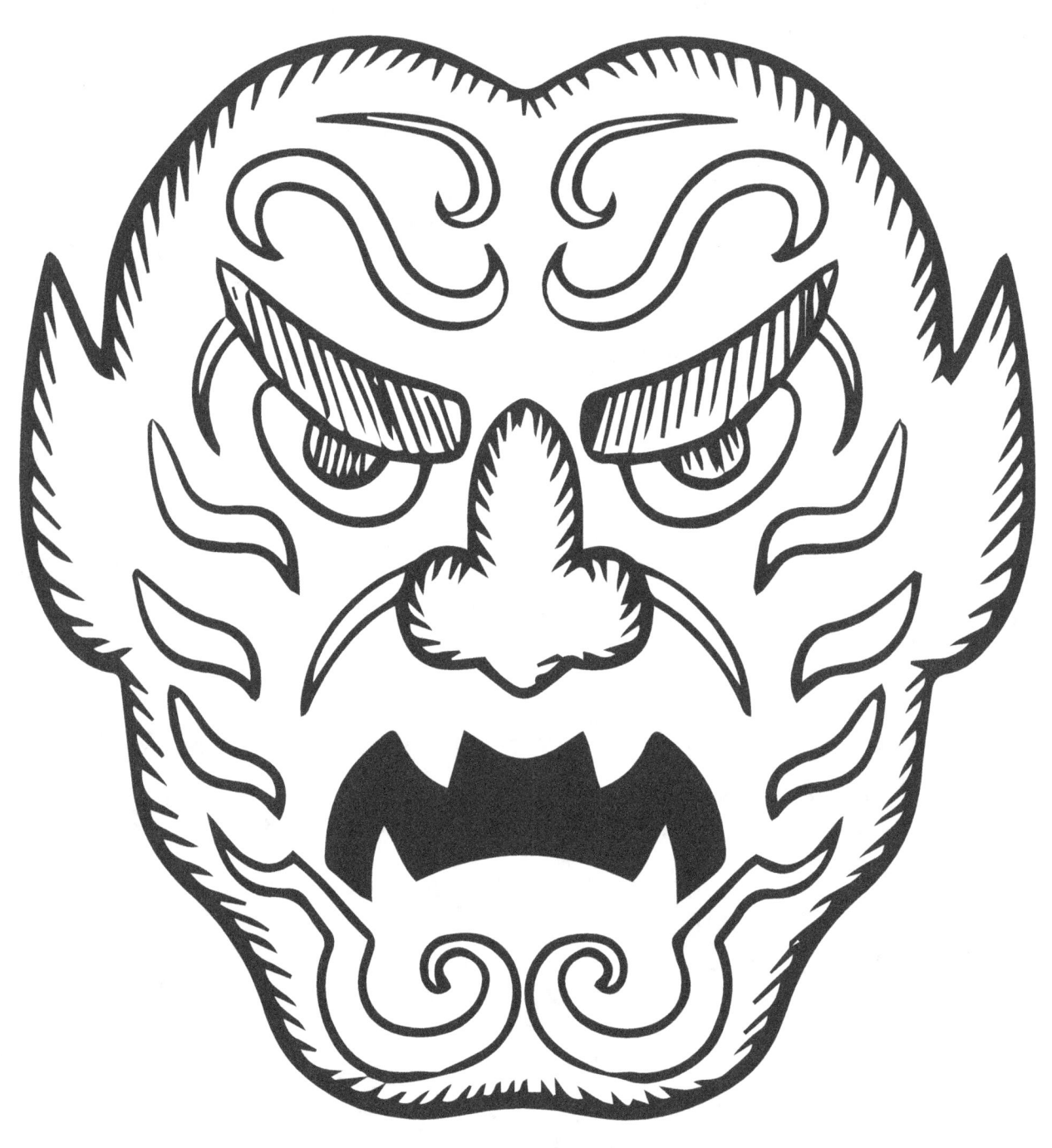

Japanese Coloring Book

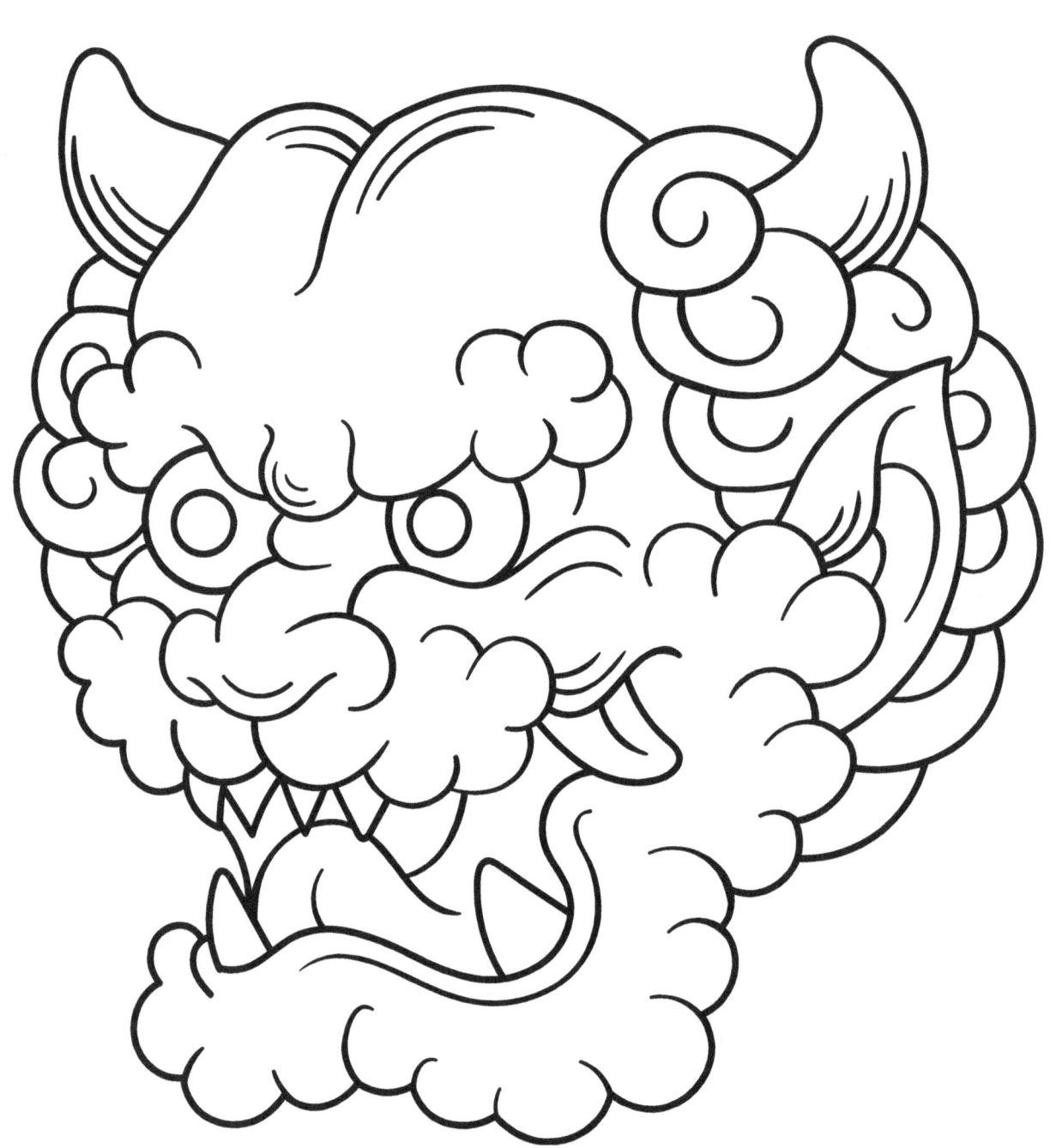

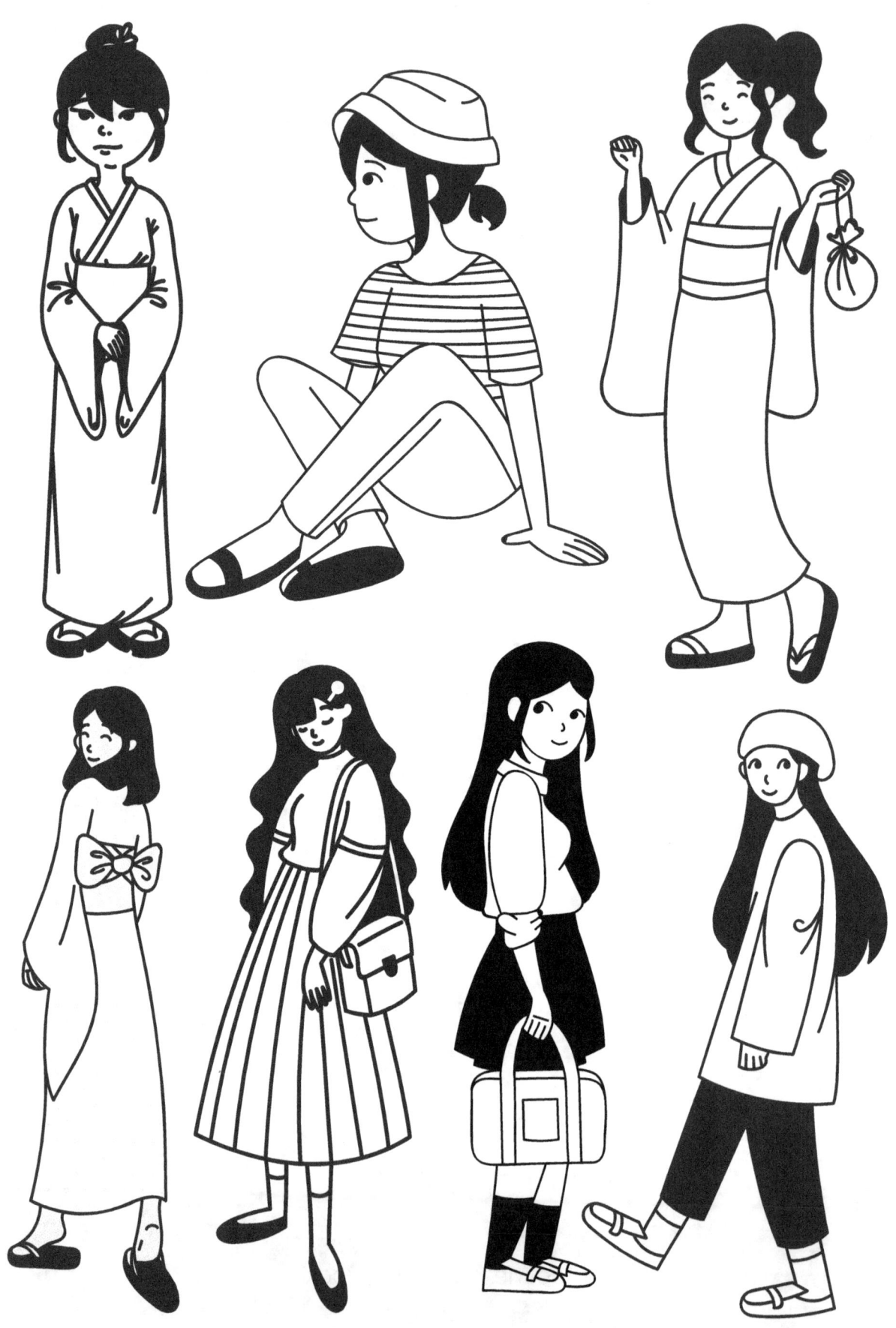

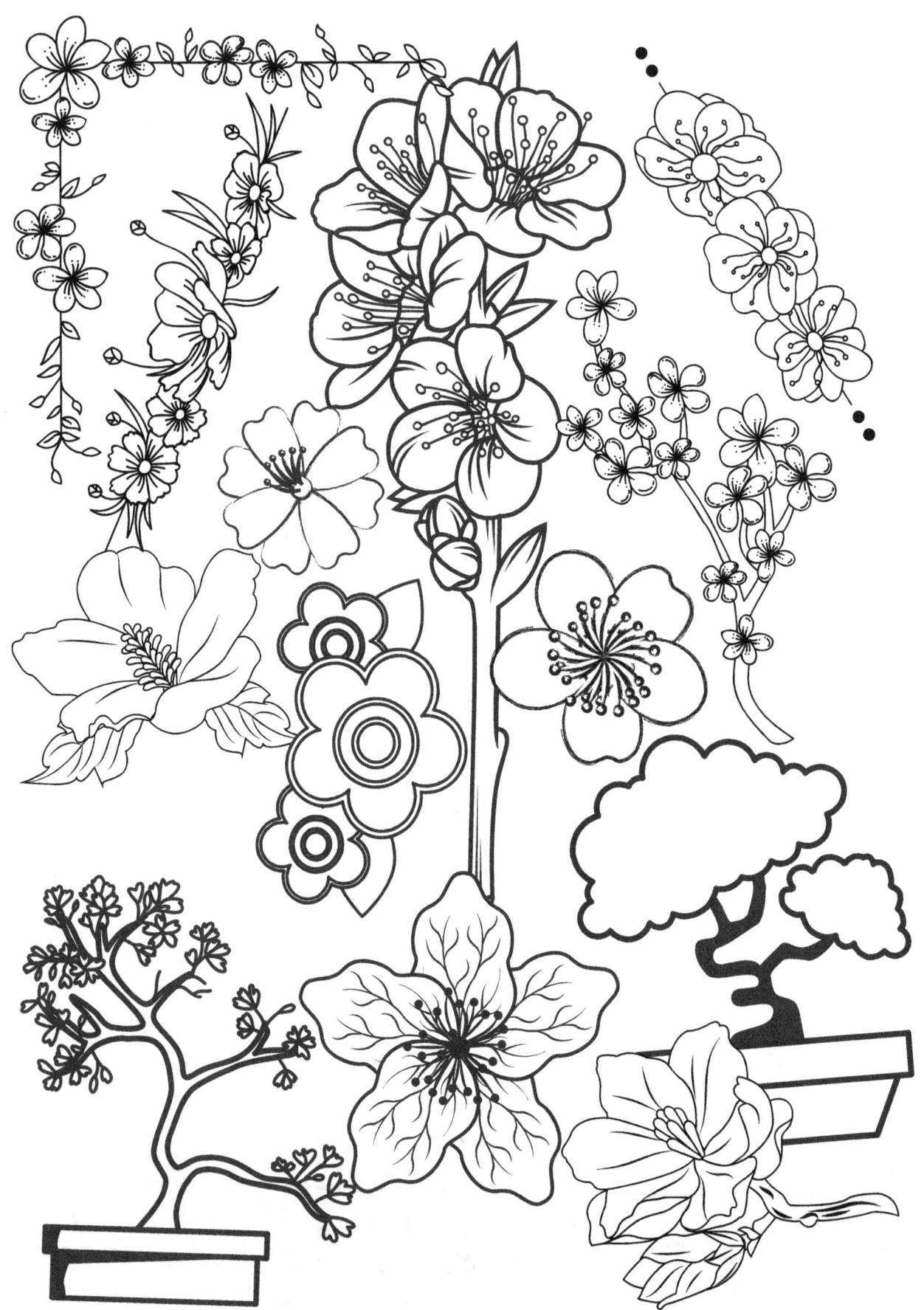

Japanese Coloring Book

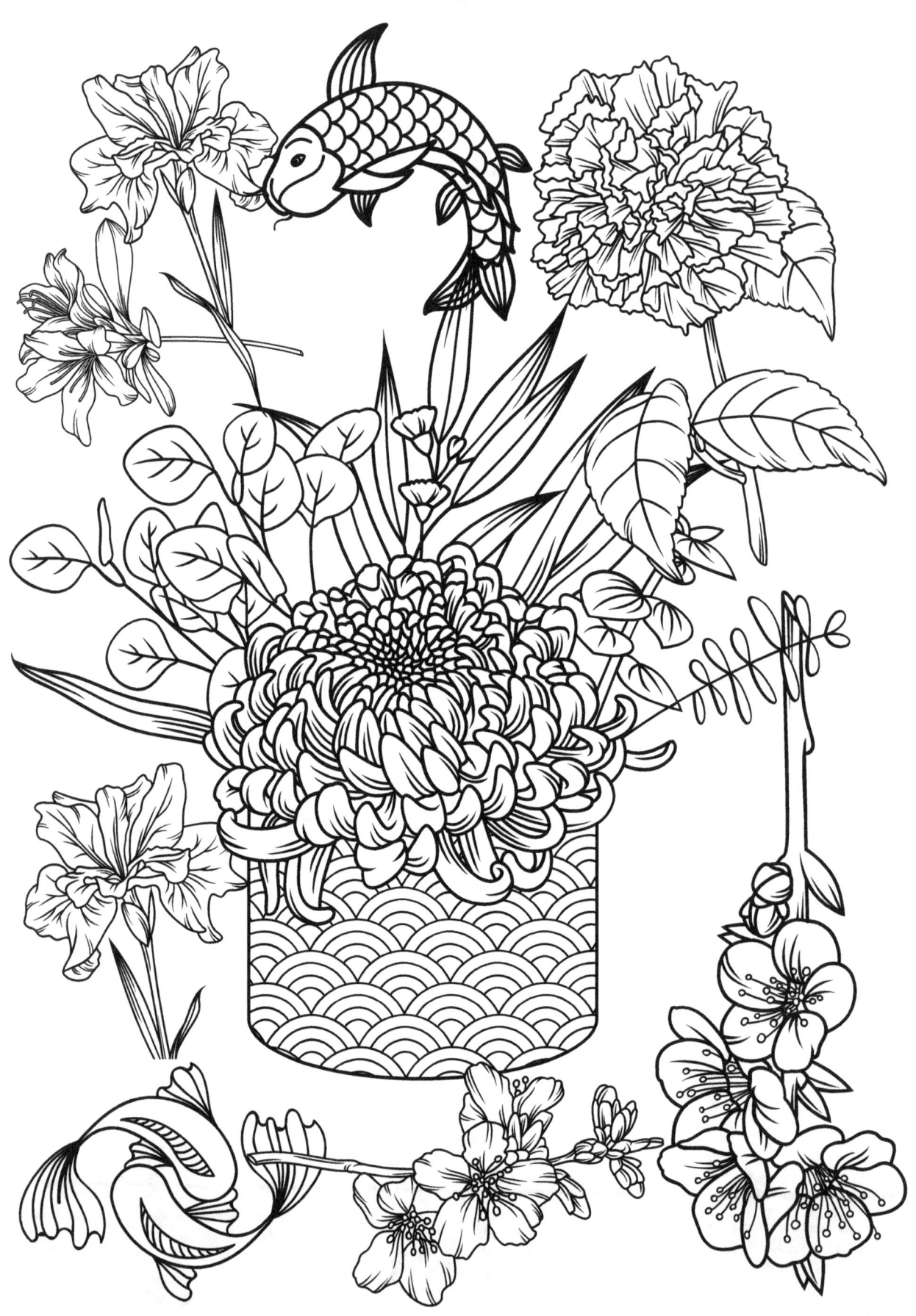

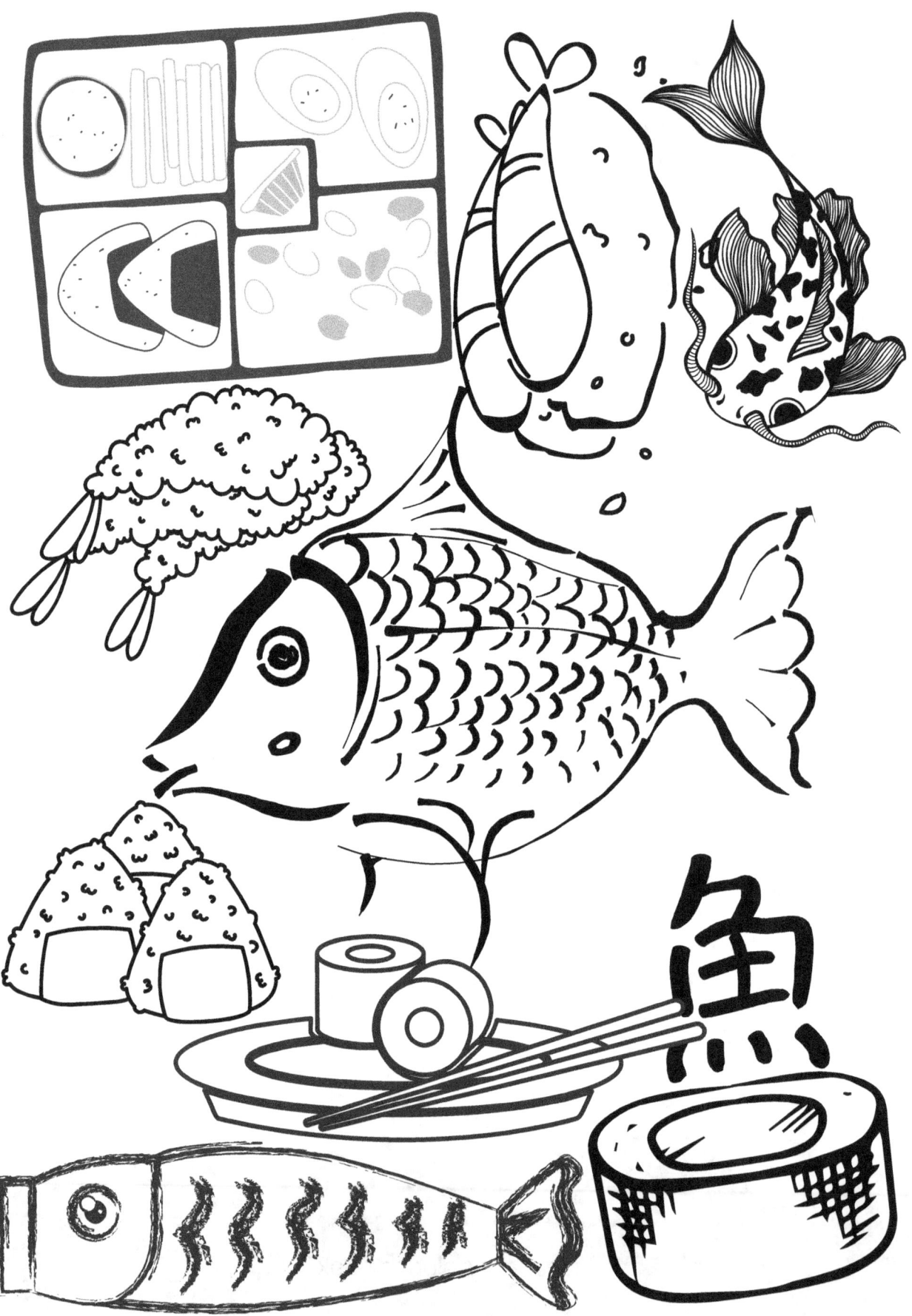

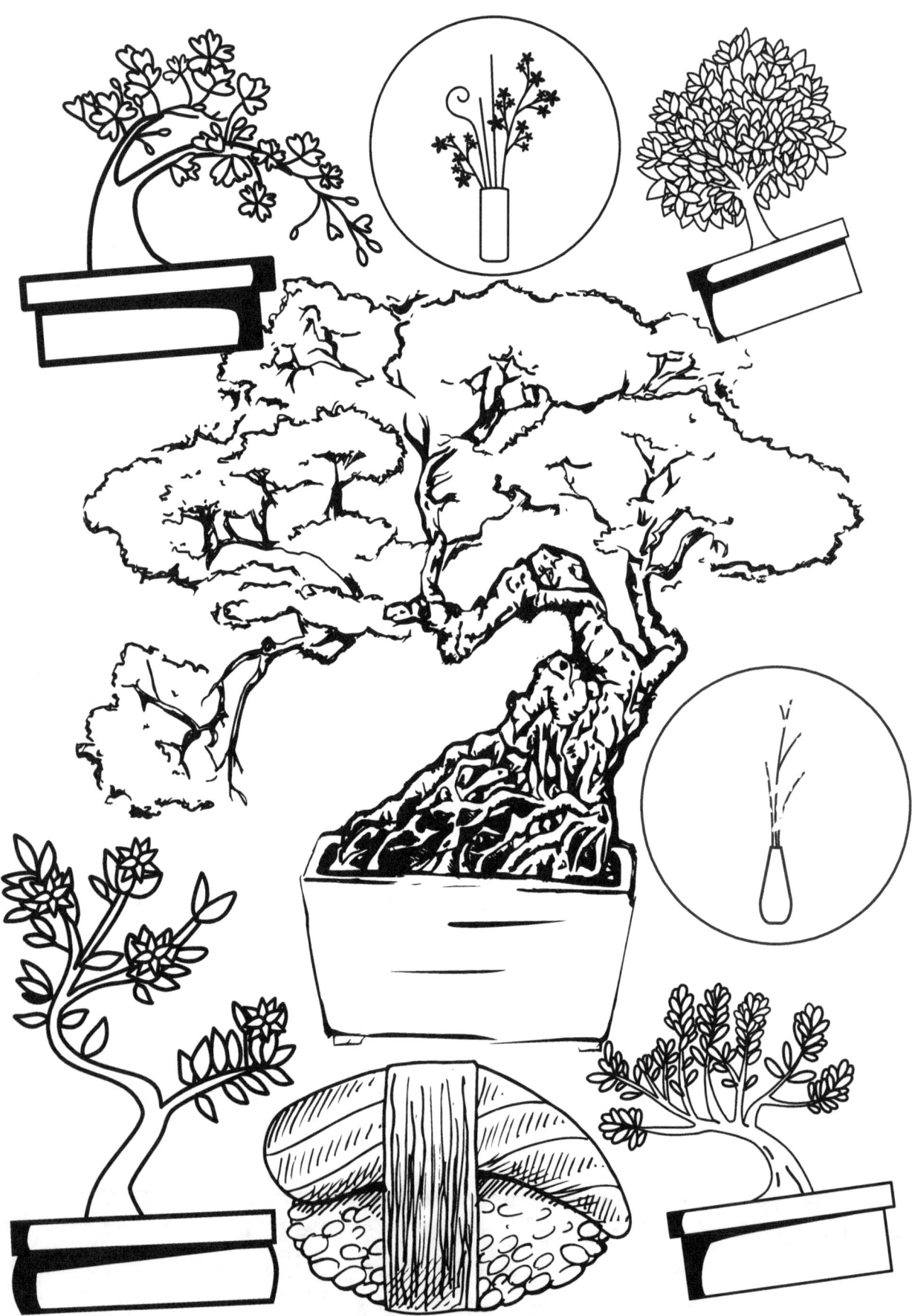

Japanese Coloring Book

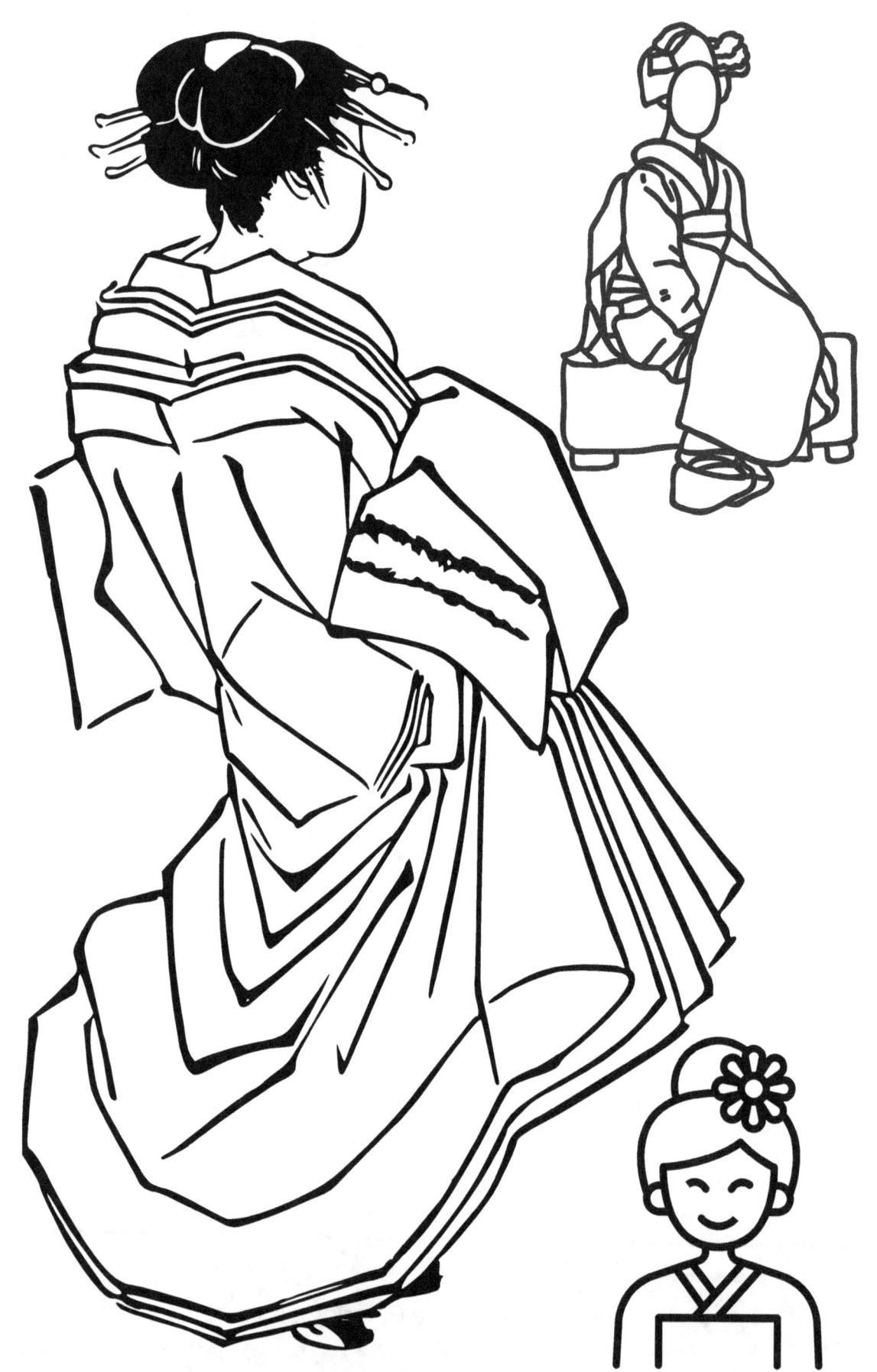

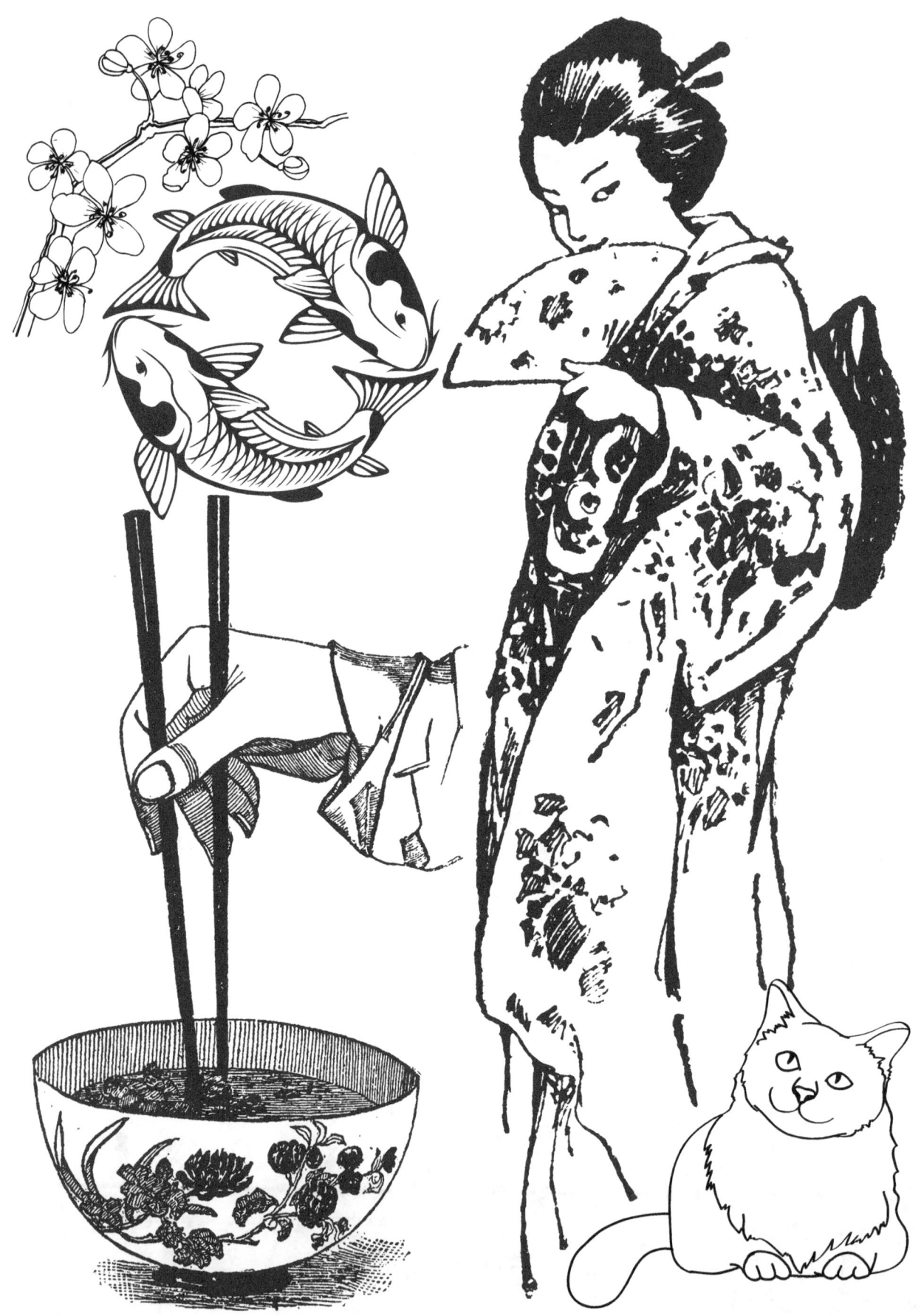

Japanese Coloring Book

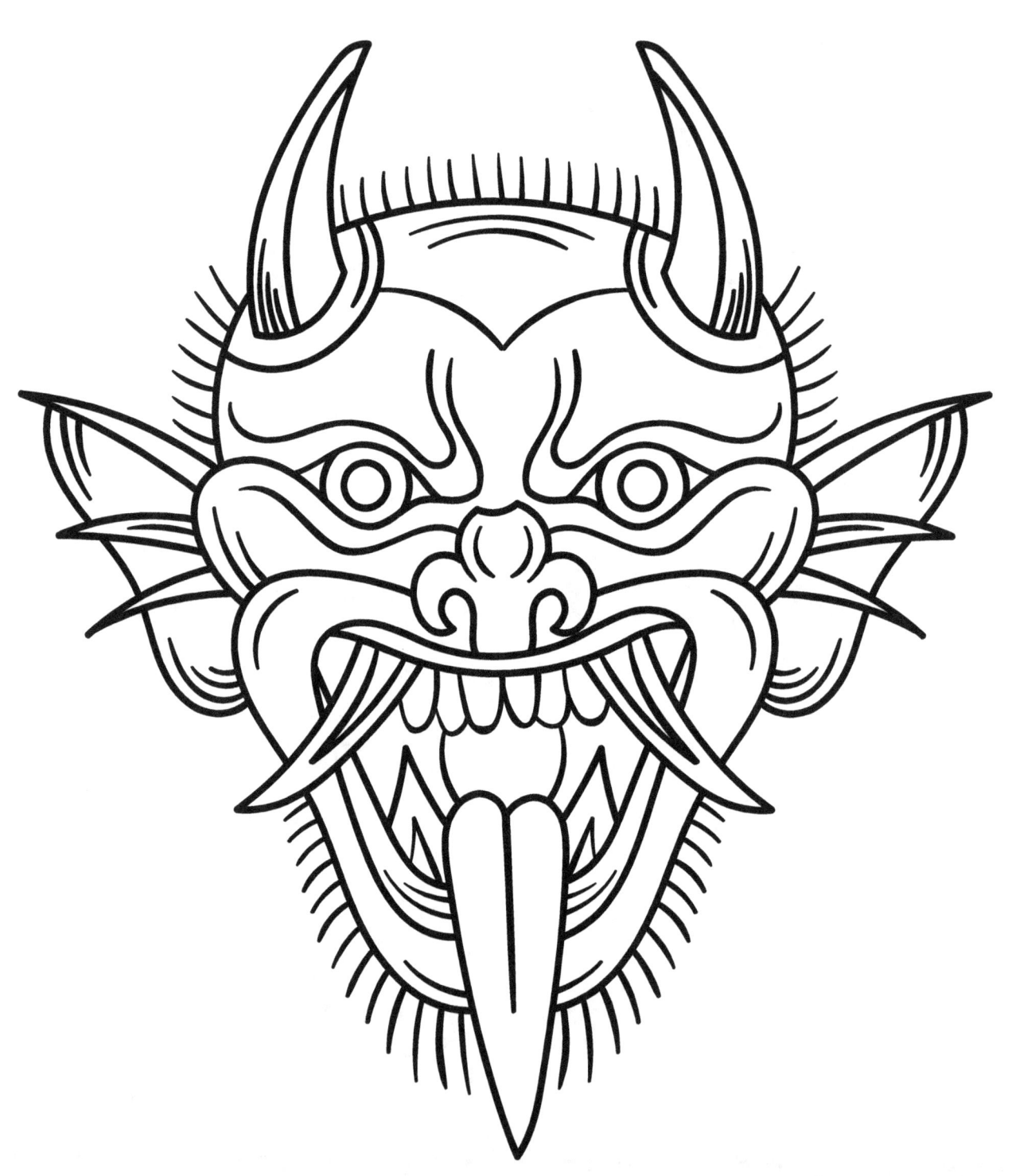

Japanese Coloring Book

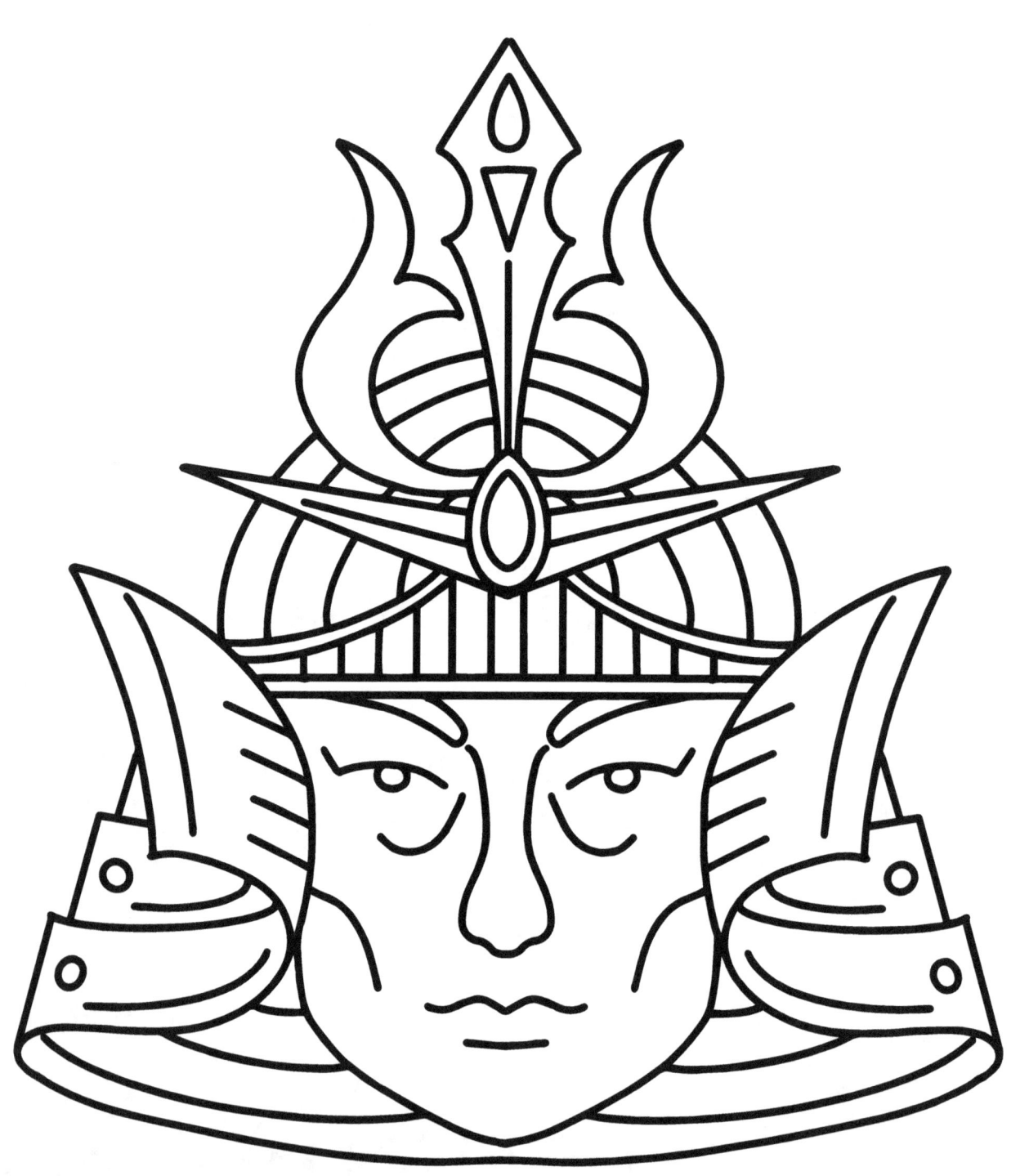

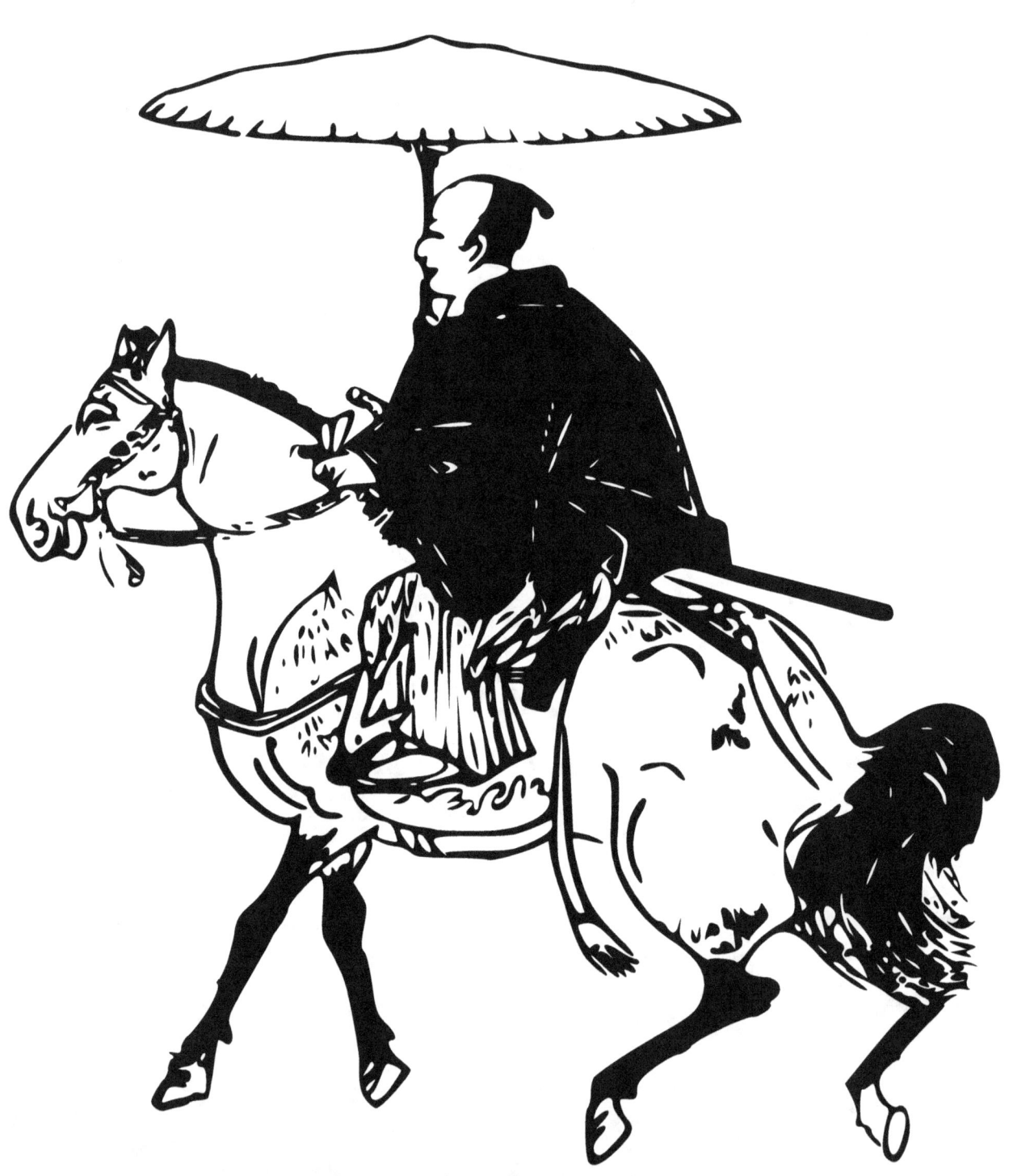

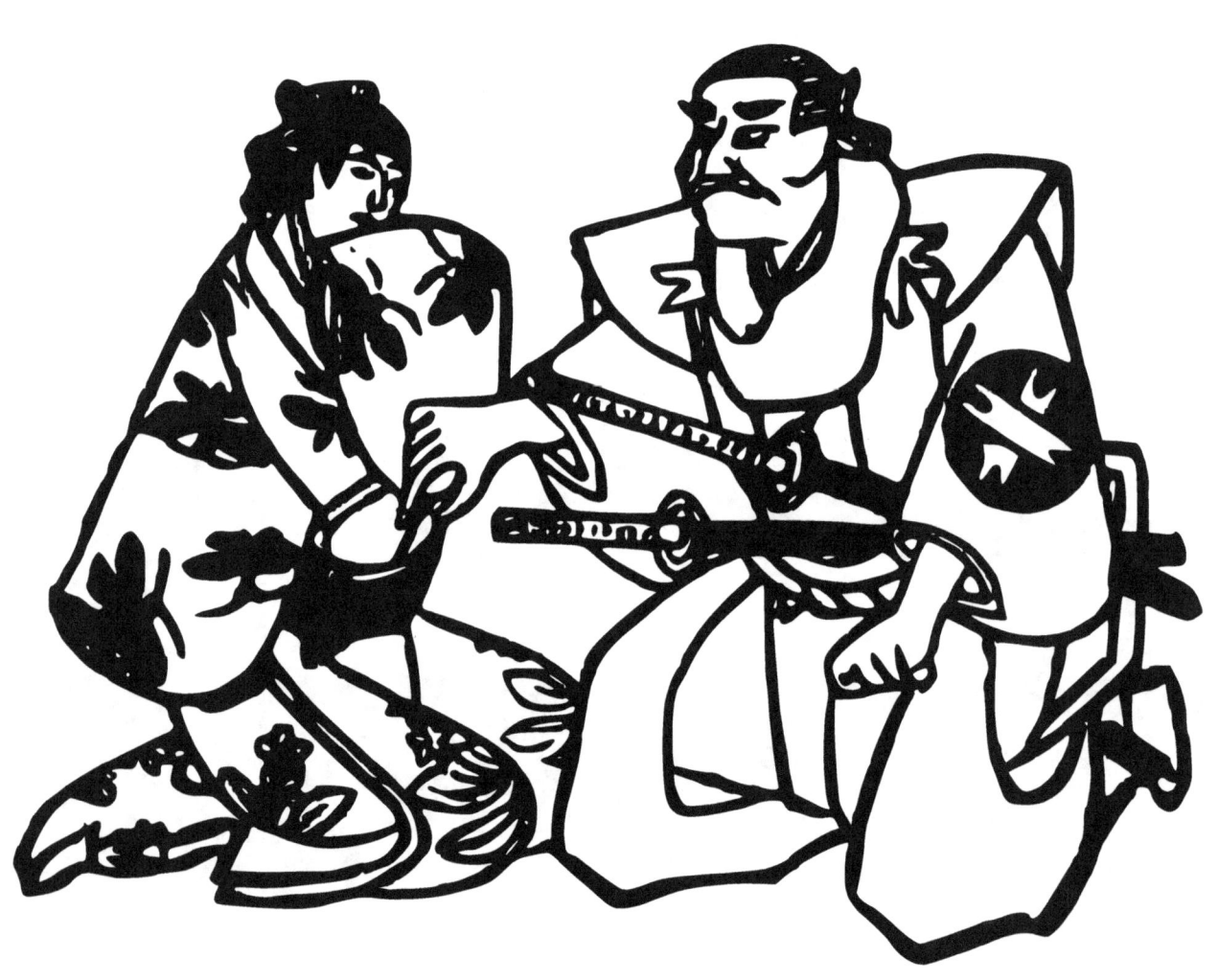

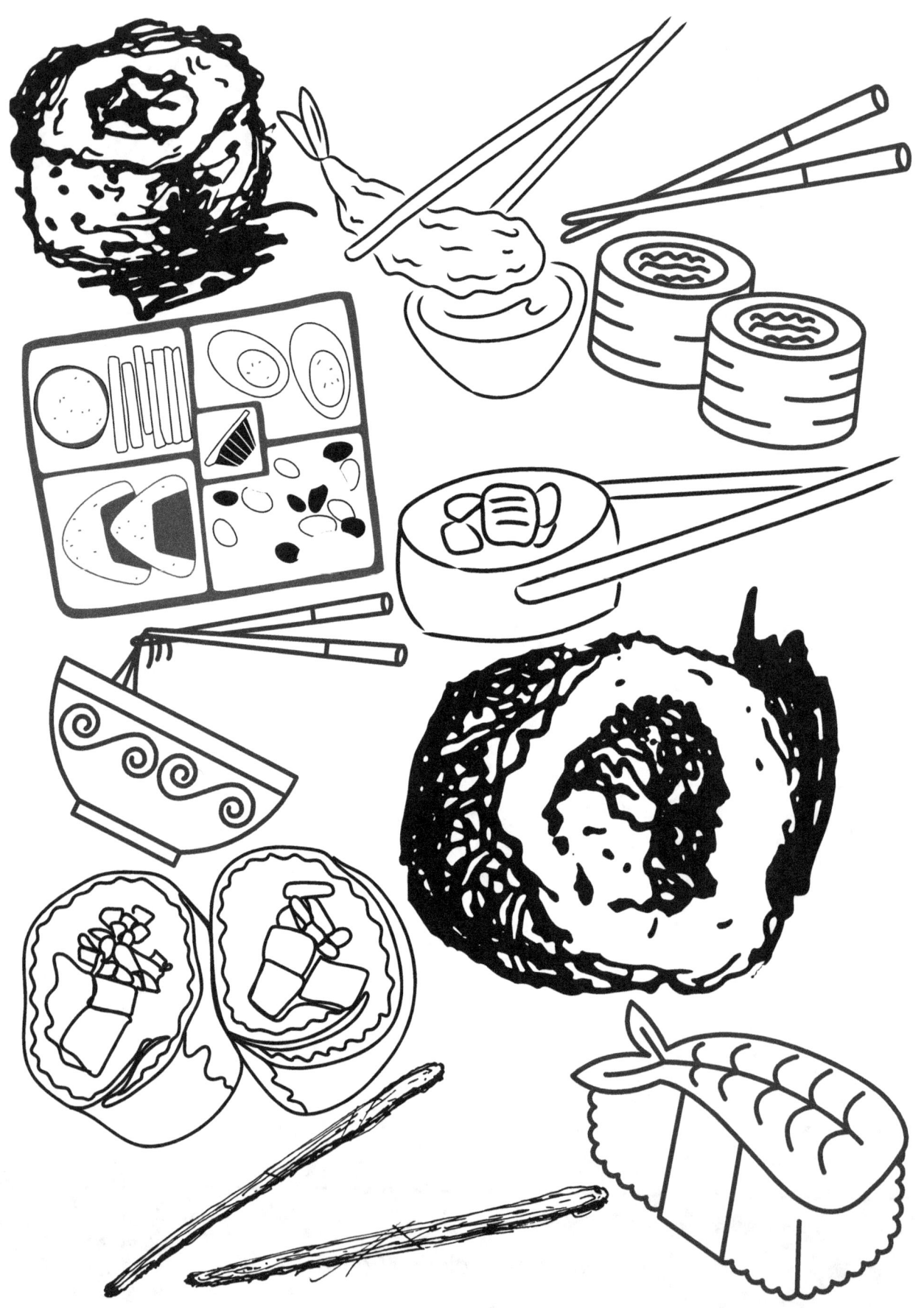

Japanese Coloring Book

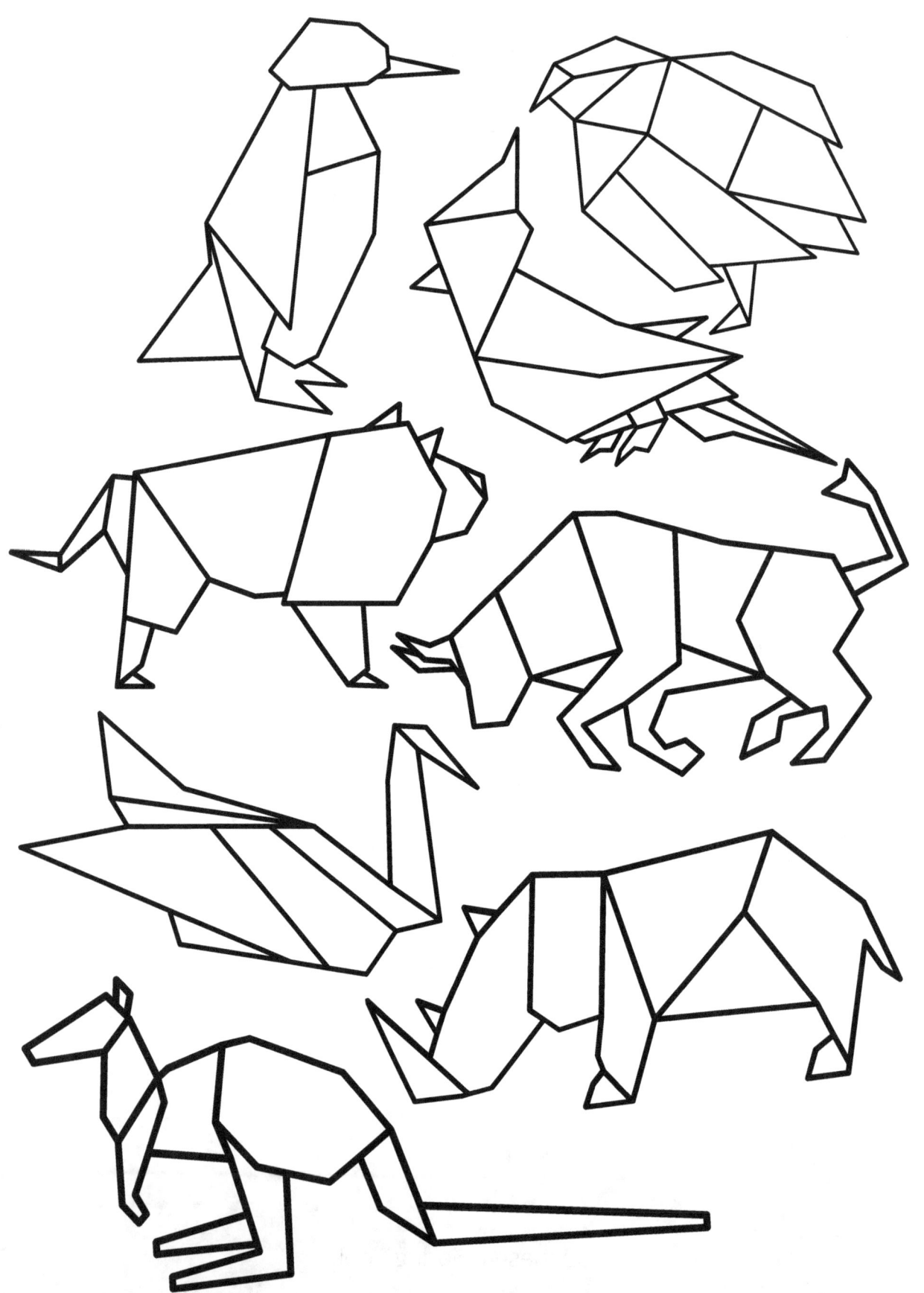

Japanese Coloring Book

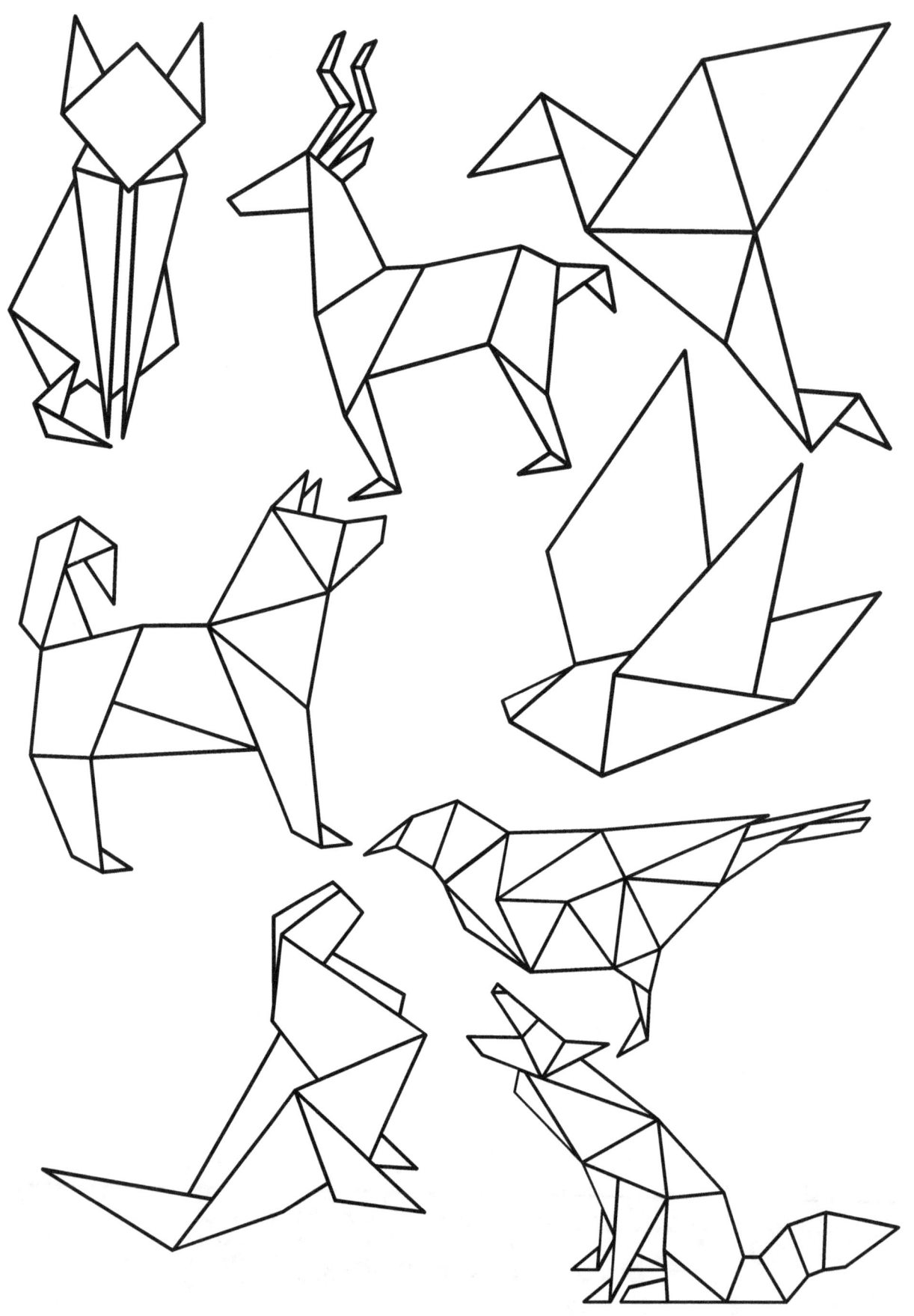

Japanese Coloring Book

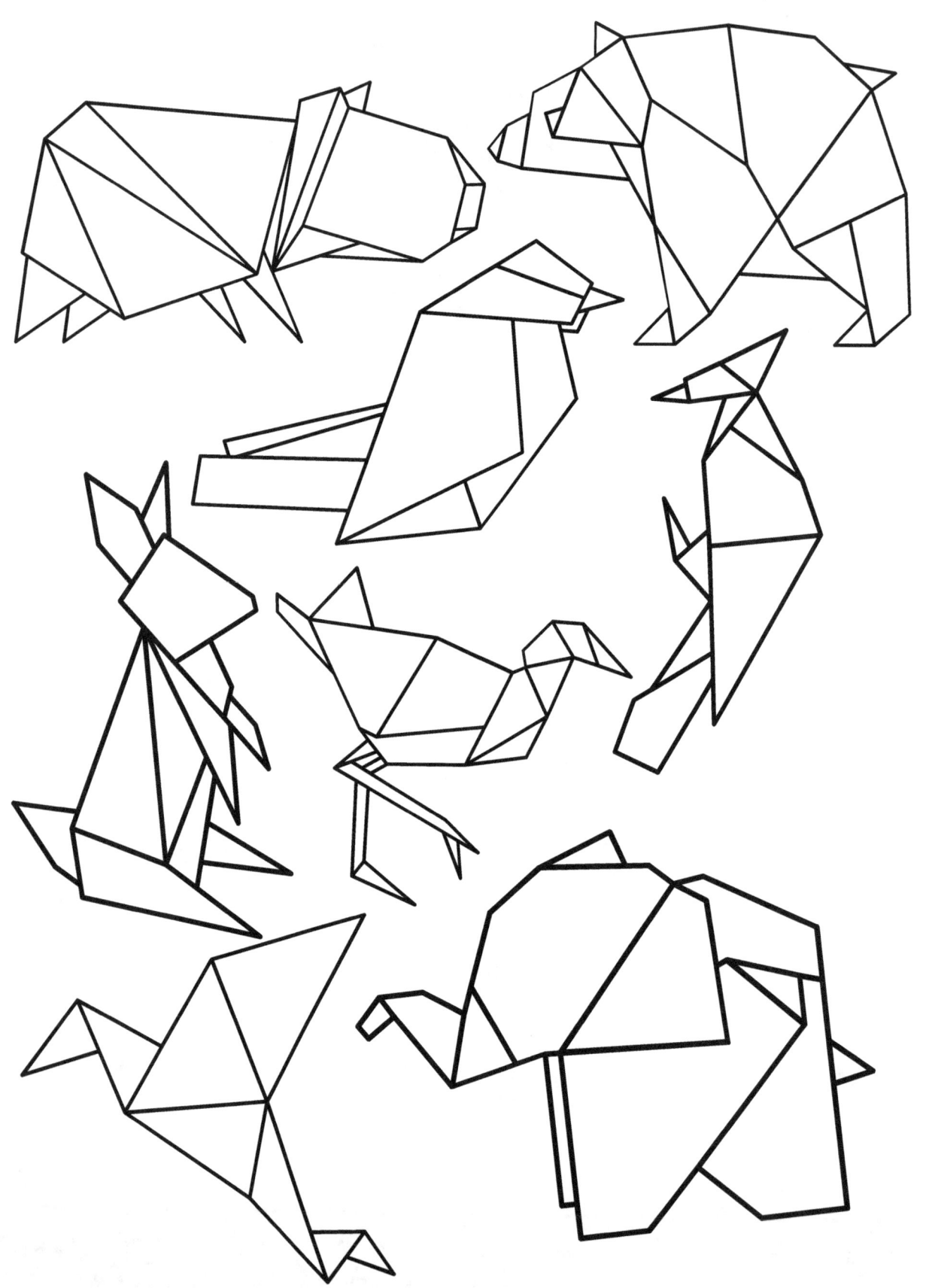

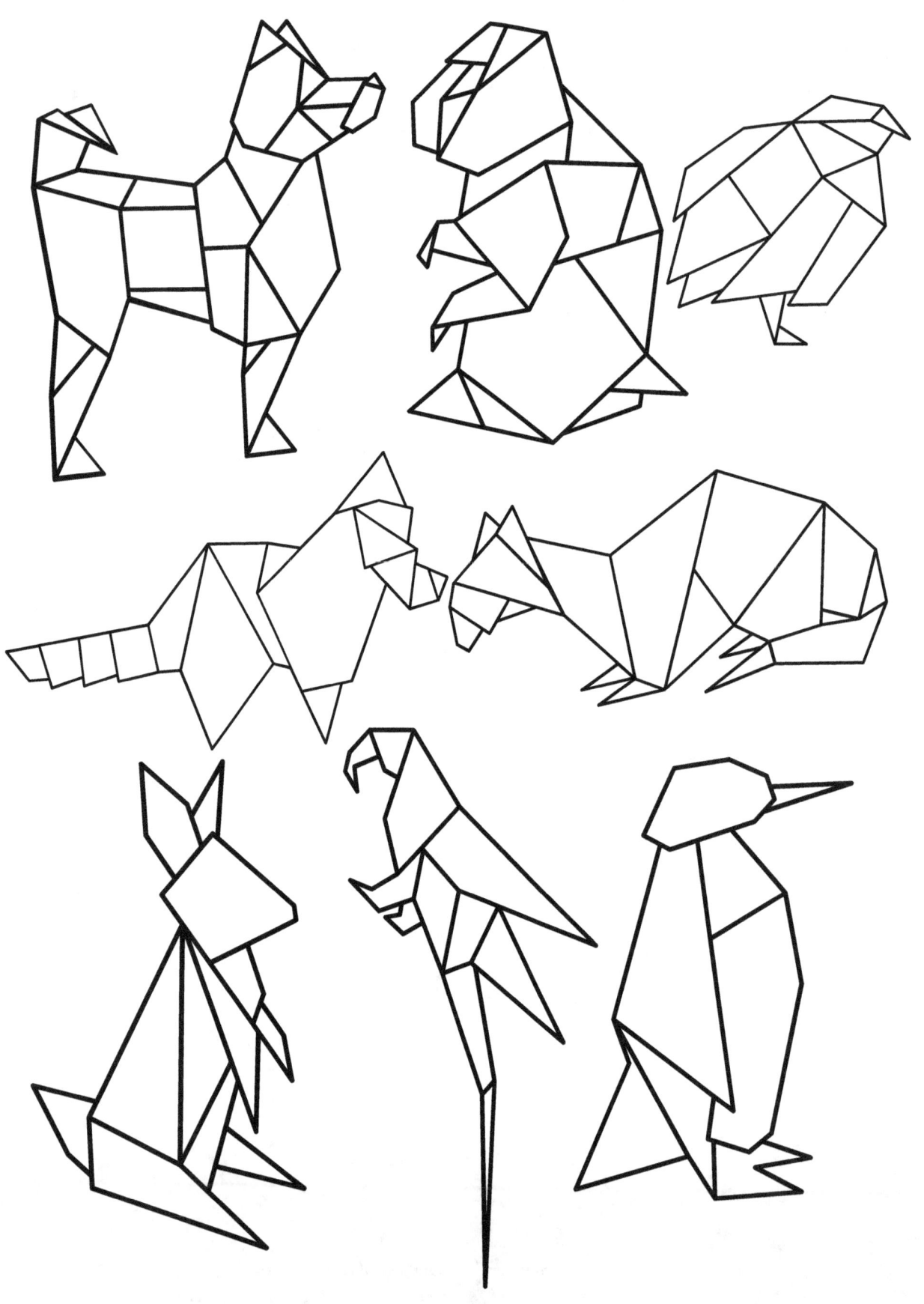

Japanese Coloring Book

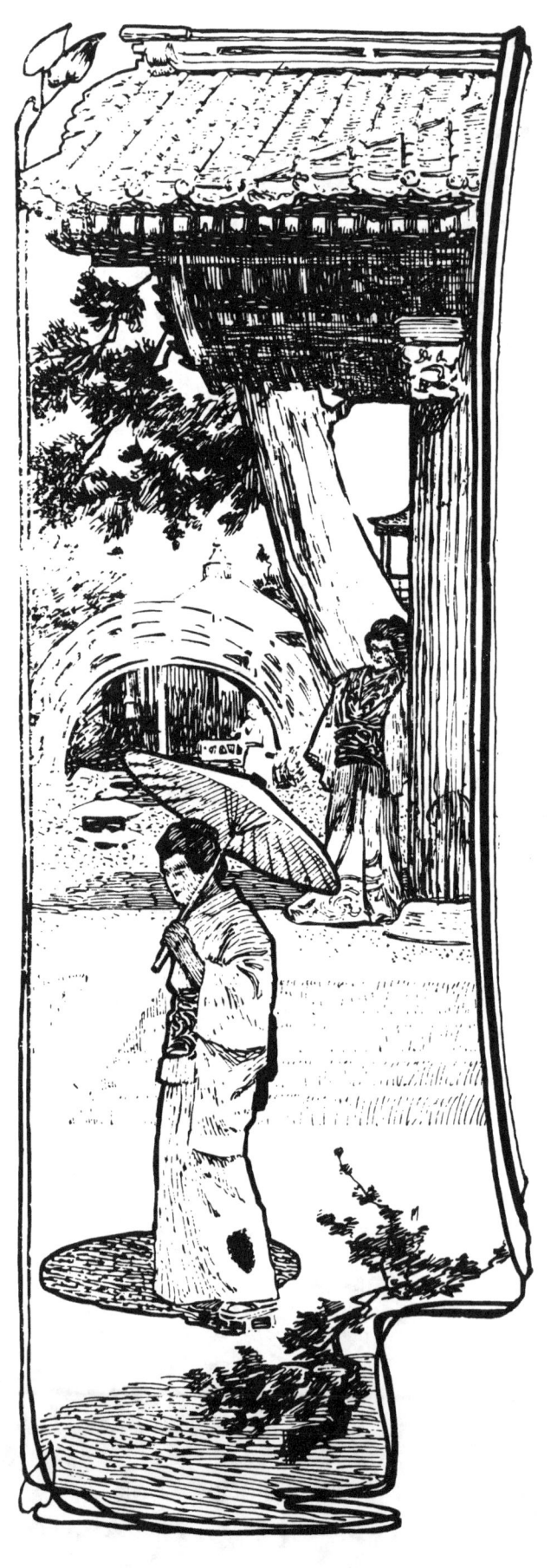

Japanese Coloring Book

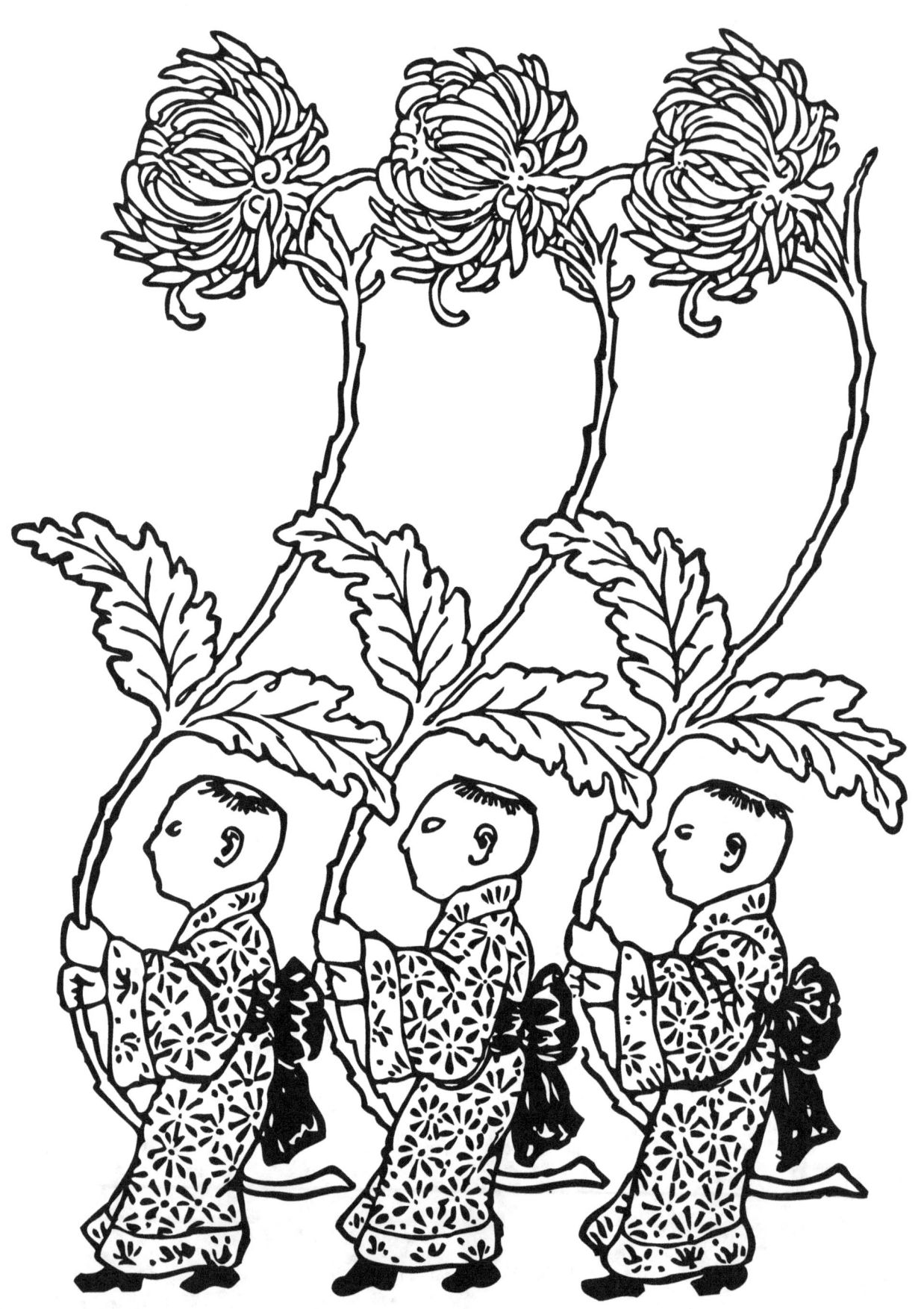

Japanese Coloring Book

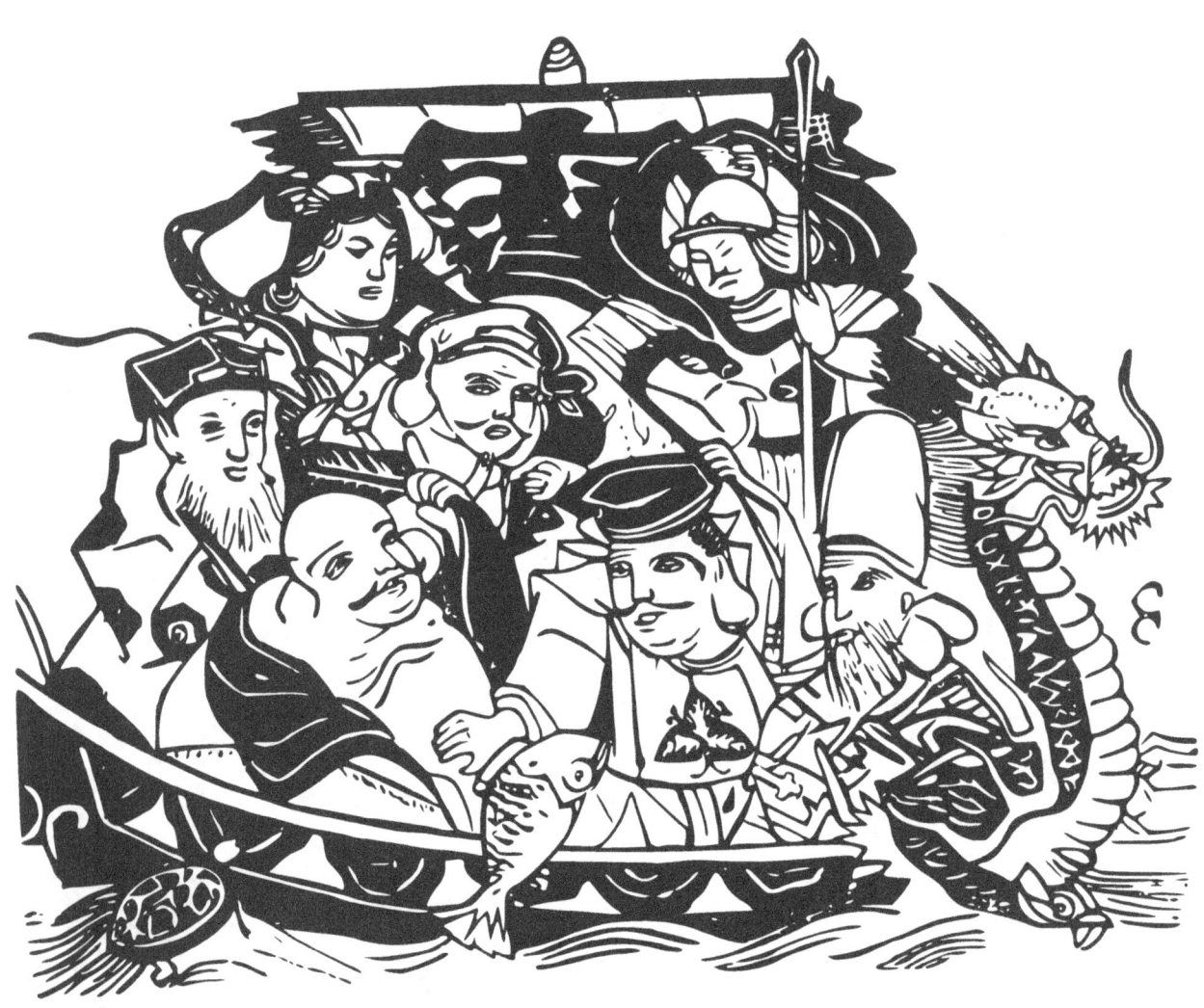

Japanese Coloring Book

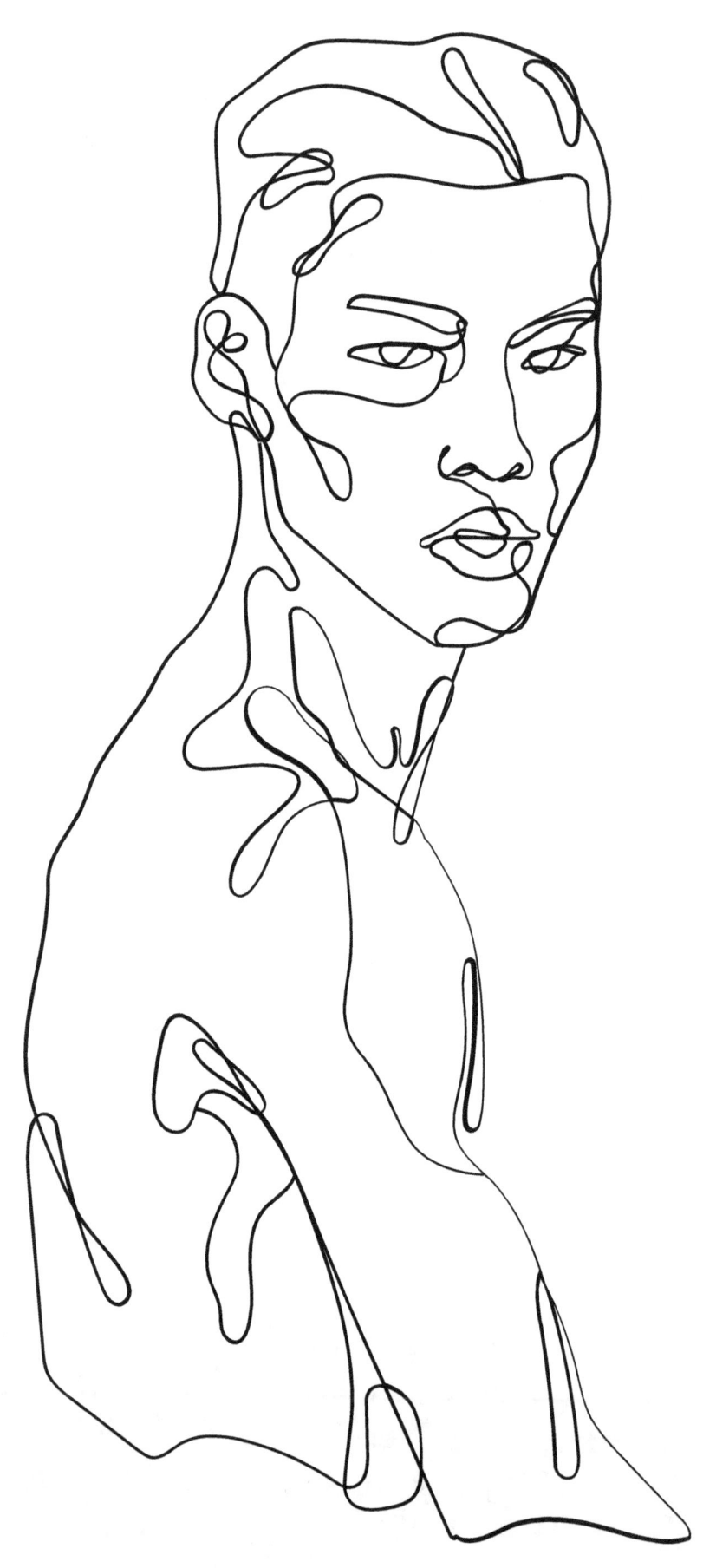

Japanese Coloring Book

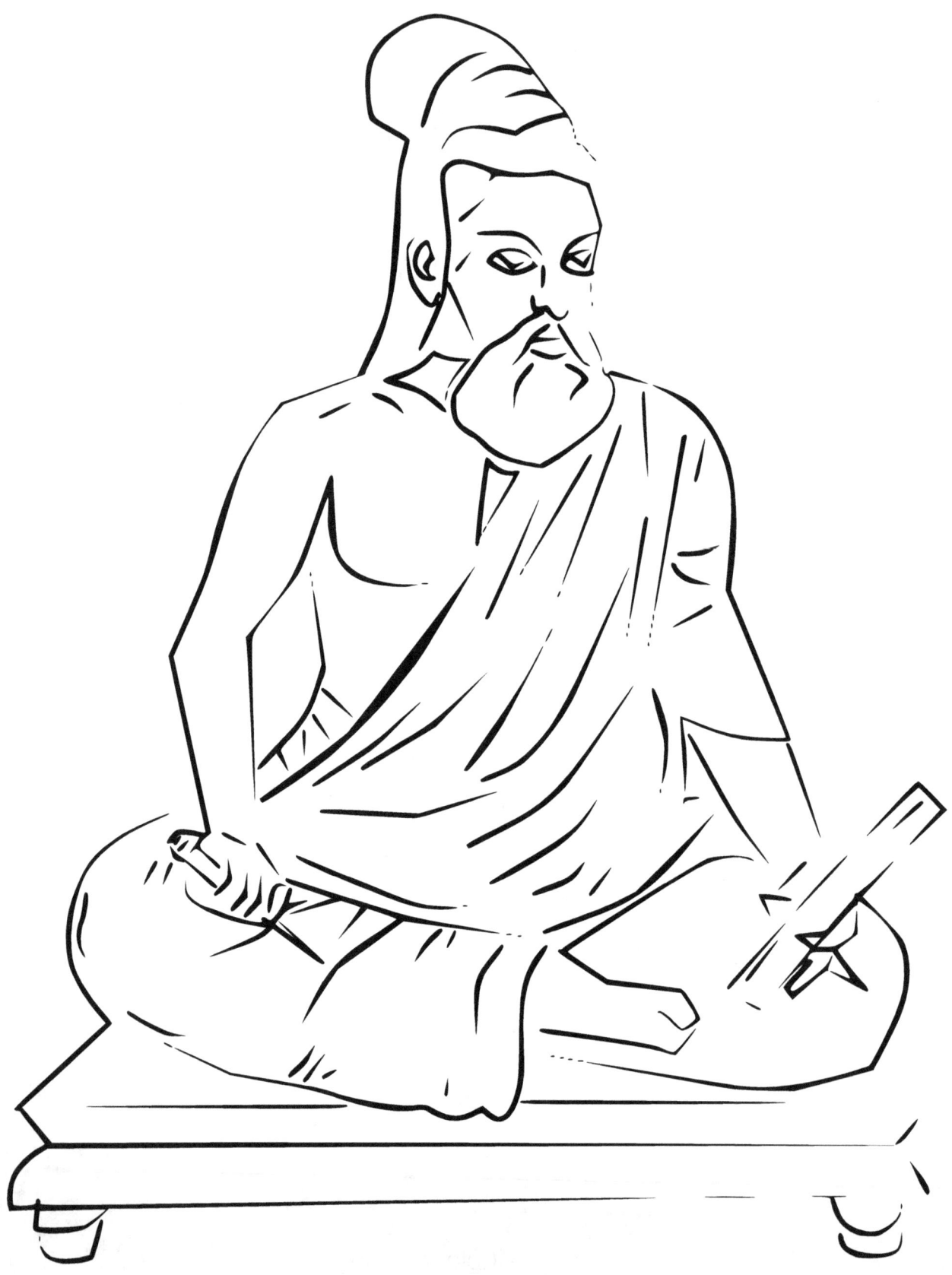

Japanese Coloring Book

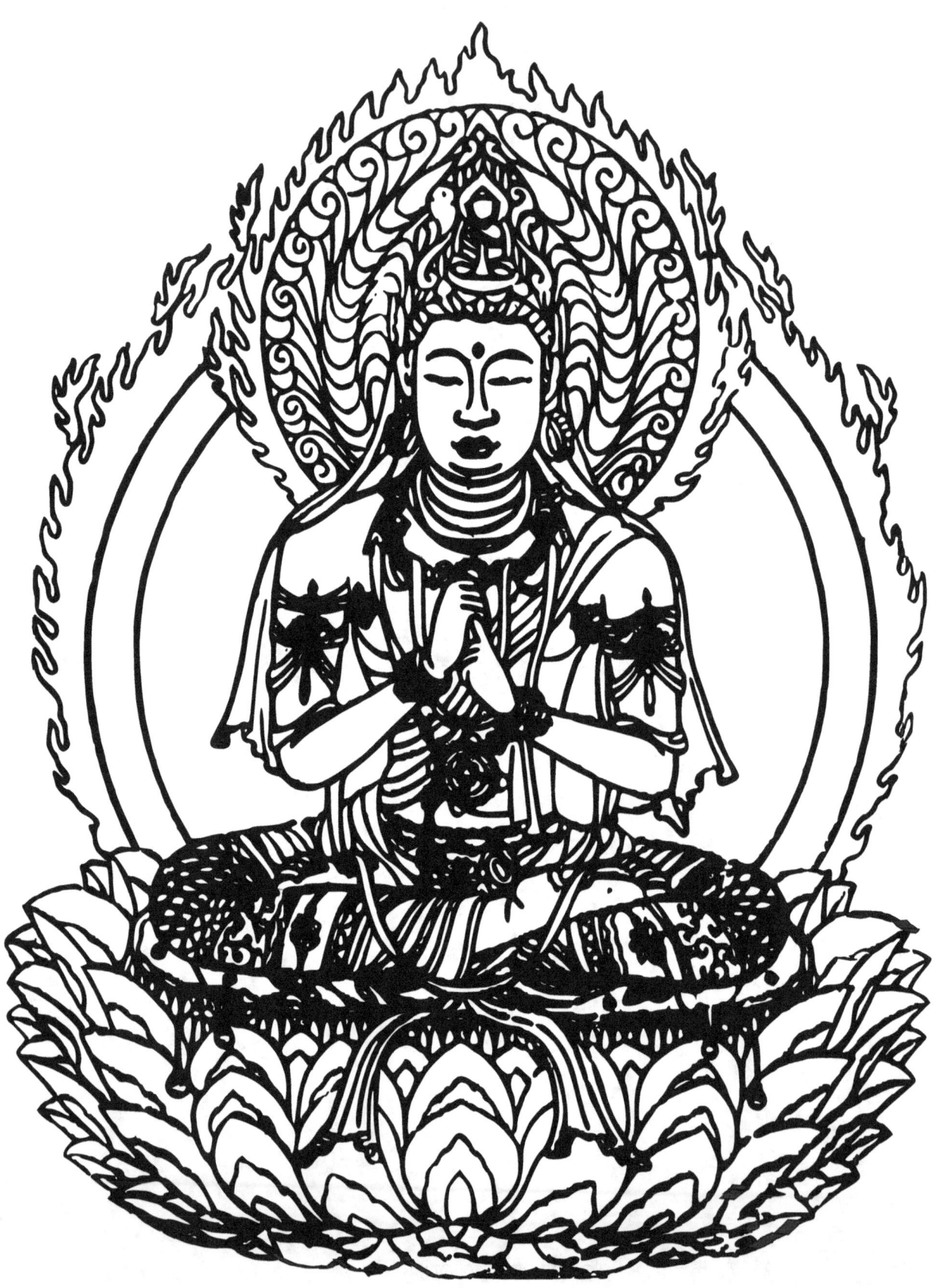

Japanese Coloring Book

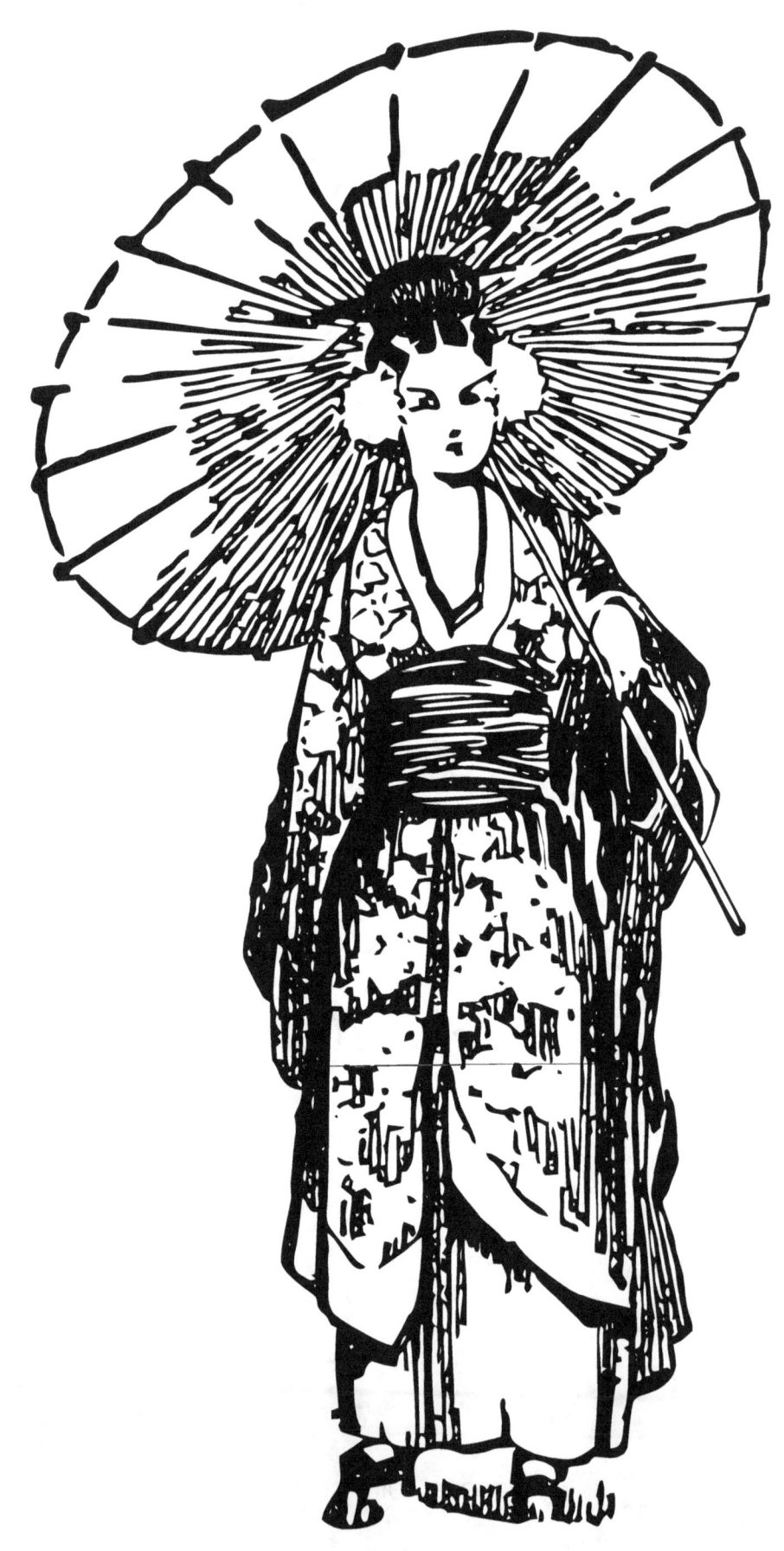

Japanese Coloring Book

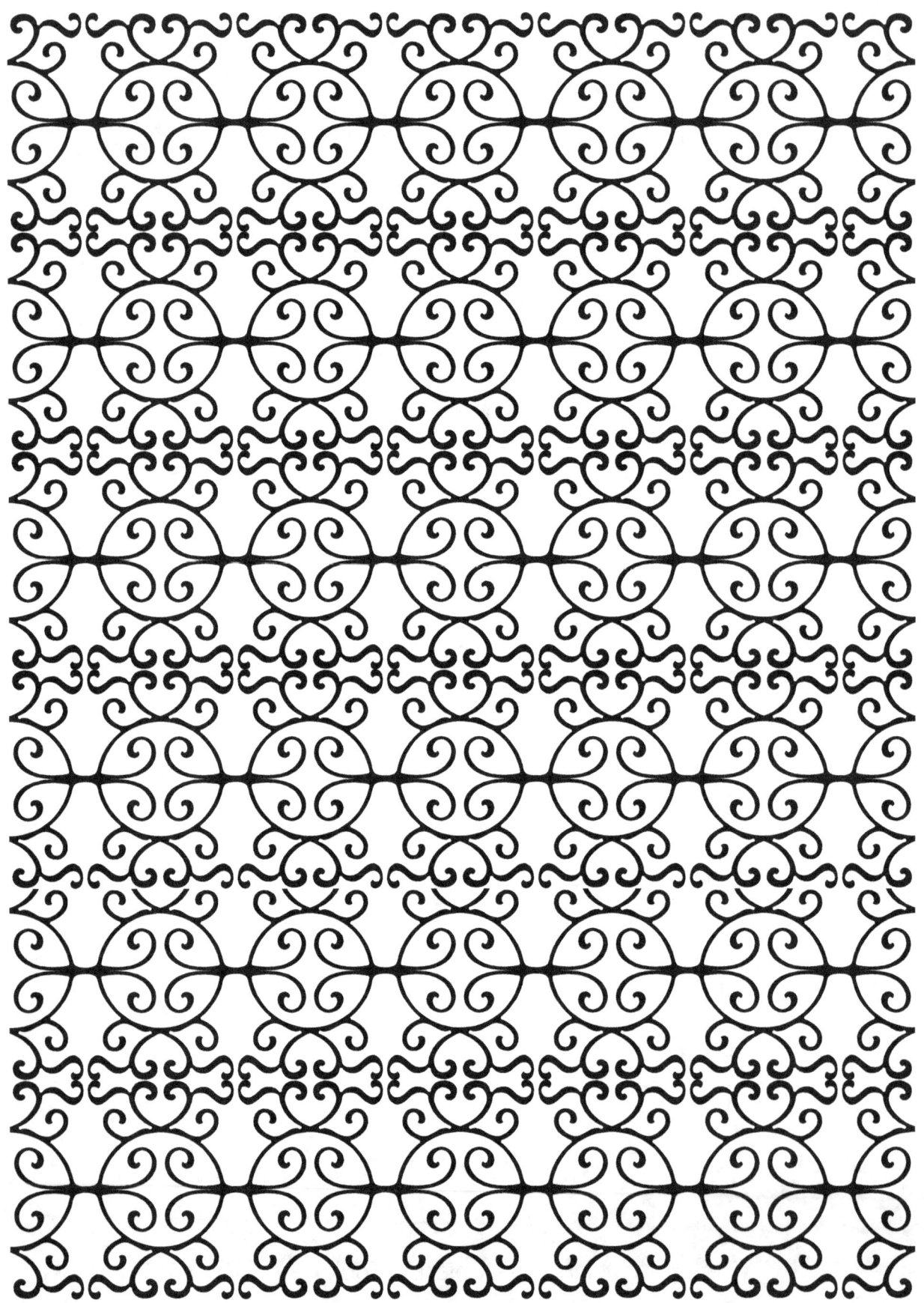

Japanese Coloring Book

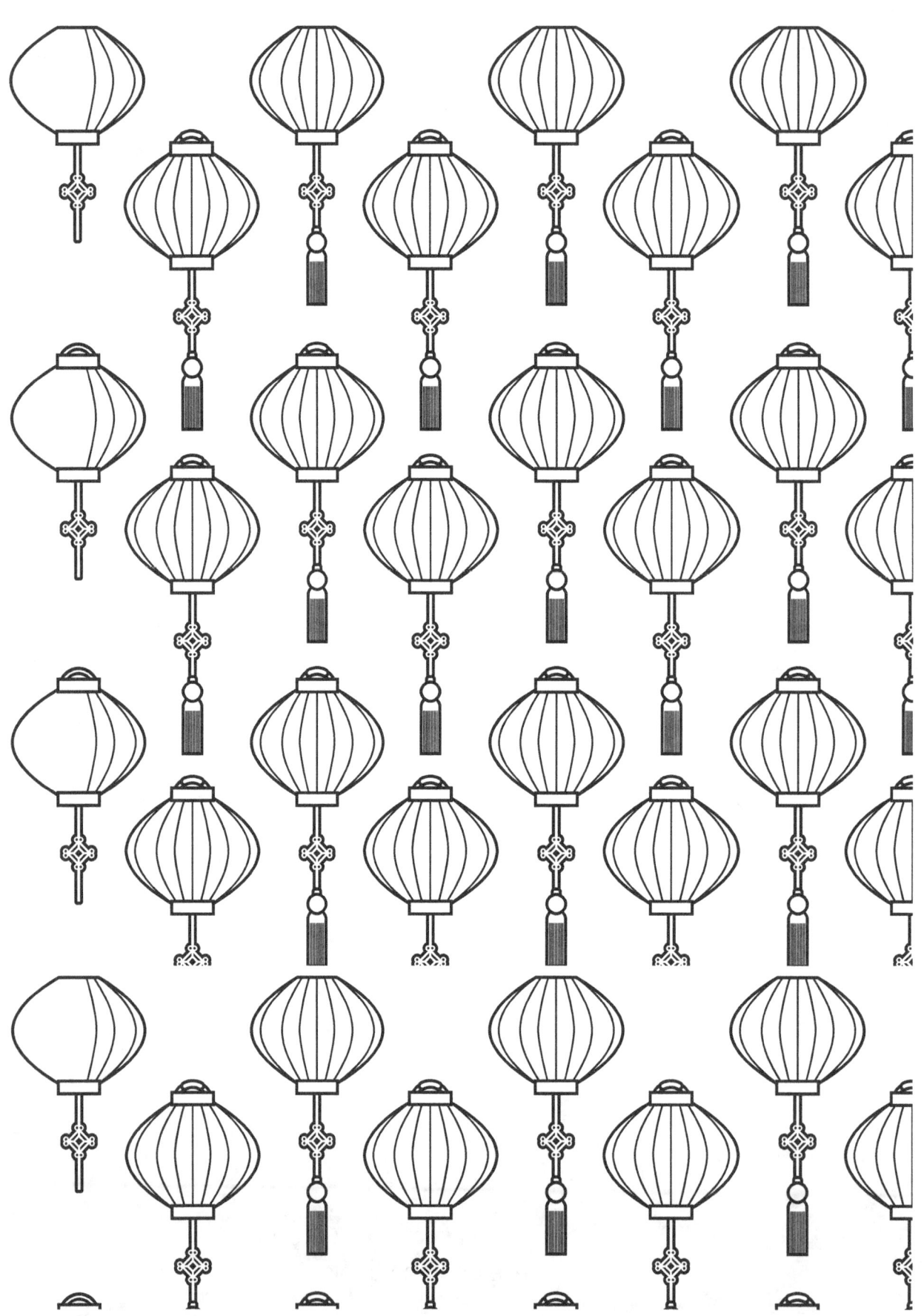

Japanese Coloring Book

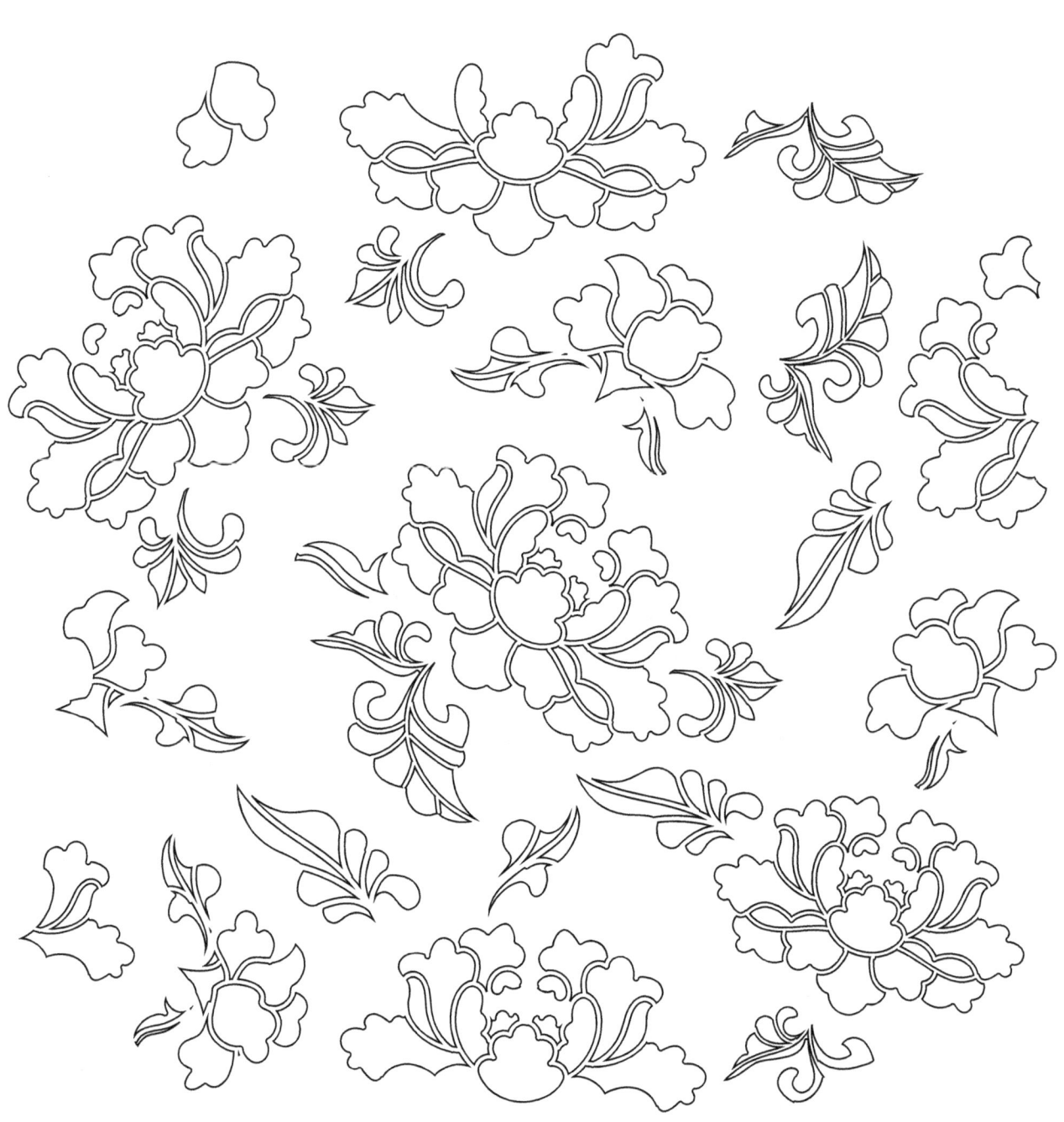

Japanese Coloring Book

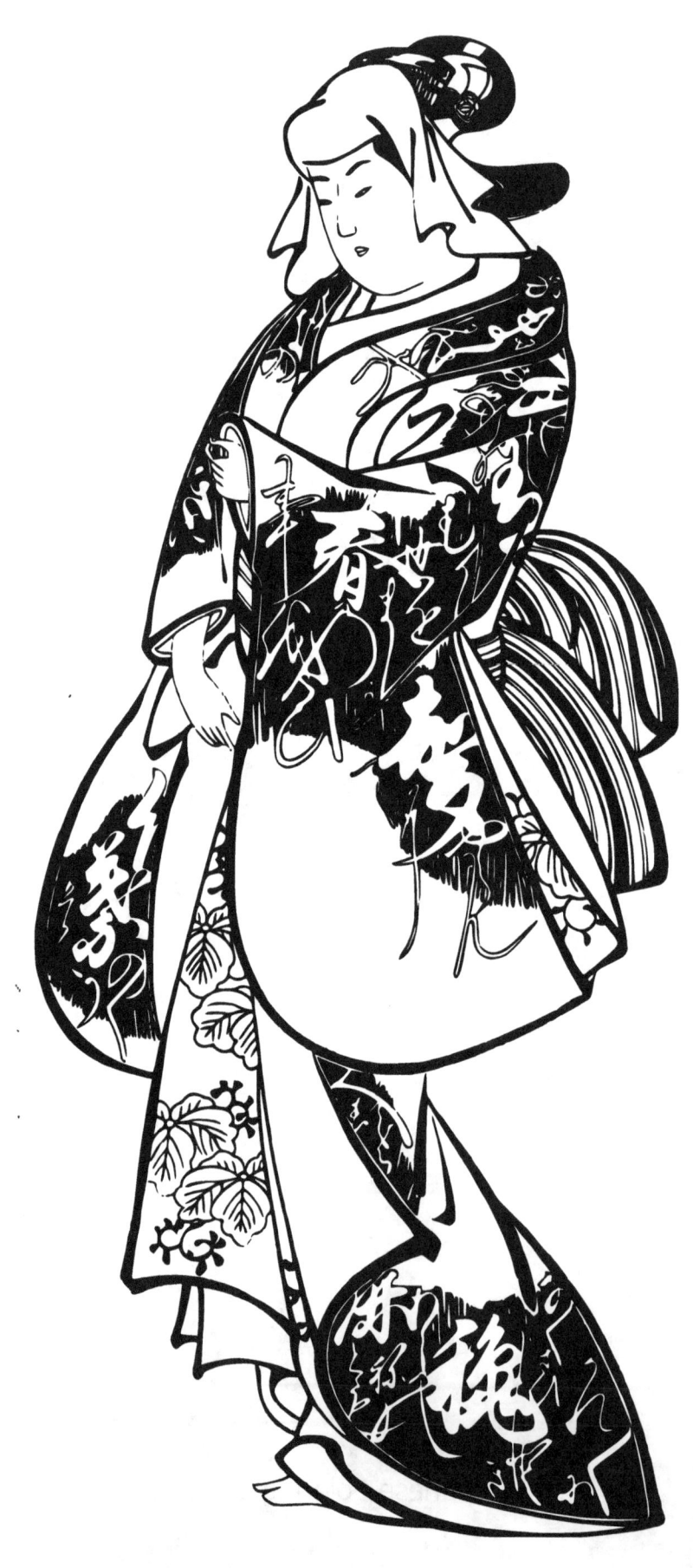

Japanese Coloring Book

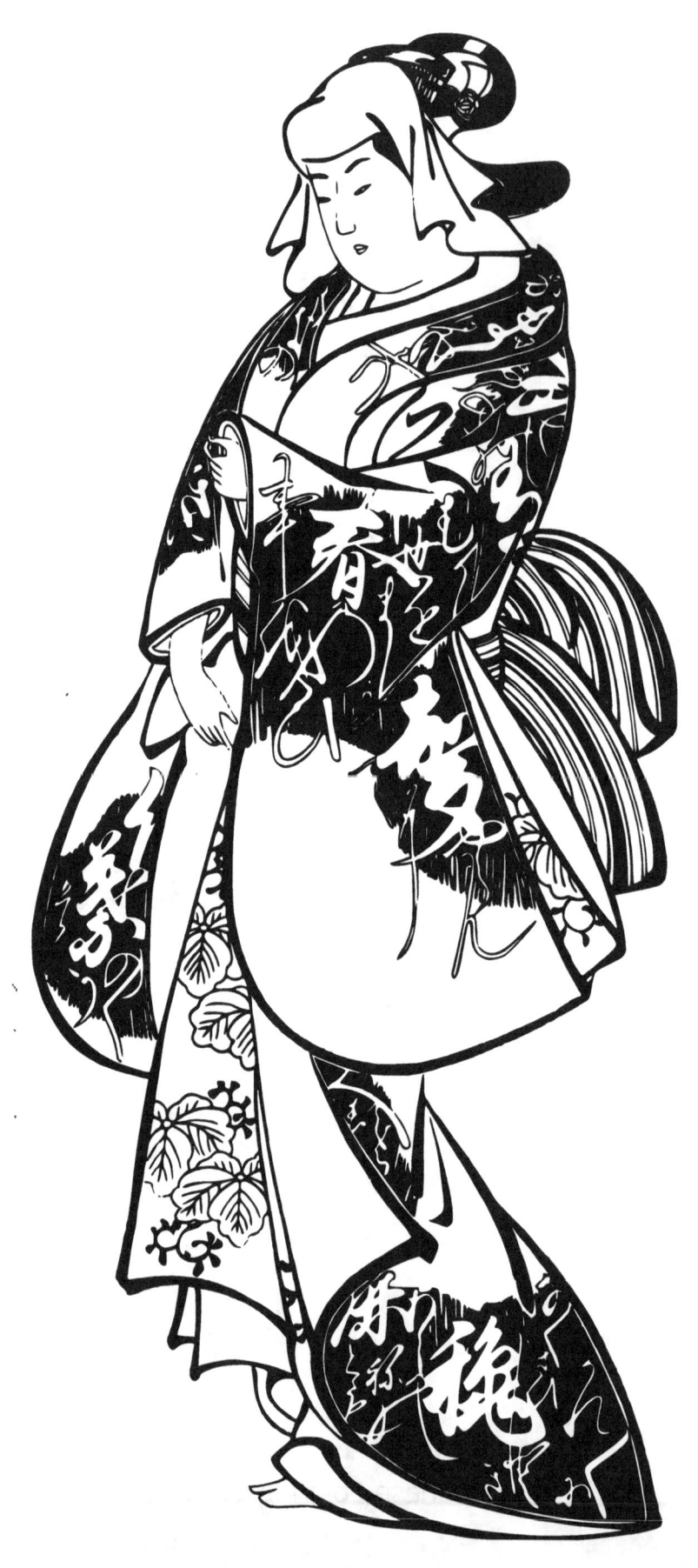

Japanese Coloring Book